Berlitz®

# Vorsicht Spanisch!

## Heiße Flirts & coole Abfuhren

München • New York • Singapur

**Berlitz Vorsicht Spanisch! – Heiße Flirts & coole Abfuhren**

Herausgegeben von der Berlitz-Redaktion
Verfasser: Ainhoa Tellechea Abascal, Asier Espilla Bidaurrazaga, Carola Joost Newbery, Isabel Mendoza, Marcos Frago Vicente
Übersetzerin: Eva Betz
Layout: Jürgen Bartz
Illustrationen: Kyle Webster, Amy Zaleski
Projektleitung: Eva Betz



Berlitz Publishing
Mies-van-der-Rohe-Straße 1
D-80807 München



Satz: Franzis print & media GmbH, München
Printed in Germany
ISBN-10: 3-468-79160-7
ISBN-13: 978-3-468-79160-4

# Inhalt


**Warm-up**
*Heiße Tipps zu diesem Buch* . . . . . . . . 4

1 **Anmachen und Abwimmeln**
*Die richtigen Sprüche für jede Gelegenheit* 8

2 **Liebe und Romantik**
*Kino, Kuscheln, Kosenamen* . . . . . . . . 49

3 **Sex und andere Abenteuer**
*Wie macht man's spanisch?* . . . . . . . . 69

4 **Die alternative Szene**
*News zum anderen Lebensstil* . . . . . . . 89

5 **Beziehungskisten**
*Von platonisch bis betrügerisch* . . . . . 99

6 **Schluss machen**
*Ex und hopp auf Spanisch* . . . . . . . . . 108

7 **Klatsch und Tratsch**
*Die wirklich wichtigen Themen* . . . . . . 117

# Warm-up

Du suchst in Spanien oder Lateinamerika einen heißen Urlaubsflirt oder willst dir schlechte Anmachen vom Hals halten? Vergiss Schulgrammatik und Lehrbuchsätze – in *Berlitz Vorsicht Spanisch! – Heiße Flirts & coole Abfuhren* findest du die Sprache, mit der dich Spanier und Latinos wirklich ernst nehmen!

## Was du wissen solltest ...

Ein bisschen Spanisch solltest du schon können. Die meisten Ausdrücke kannst du für Boys und für Girls benutzen. Wenn's doch mal komplizierter wird, ist der Satz markiert.

♂ bedeutet, das Wort oder den Satz kannst du nur zu oder über Jungs sagen.
♀ heißt, du solltest nur Mädels so ansprechen bzw. so über sie sprechen.

Spanisch ist nicht gleich Spanisch. Was in Lateinamerika total angesagt ist, verstehen die Spanier vielleicht nicht mal. Damit du überall den richtigen Ton triffst, sind alle Ausdrücke markiert, die nur in Lateinamerika (*AM*) oder nur in Spanien (*E*) benutzt werden. Wörter, die man nur in einzelnen lateinamerikanischen Ländern verwendet, sind auch gekennzeichnet (z. B. ***MEXIKO***). Aber wundere dich nicht, wenn du diese Ausdrücke auch mal in anderen Ländern hörst. Die Umgangssprache ändert sich ständig, und durch Filme und Musik kommen lateinamerikanische Wörter nach Spanien und umgekehrt.

## Vorsicht!

Damit du dir beim heißen Flirten nicht den Mund verbrennst oder dir für eine extracoole Abfuhr eine fängst, sind die schärfsten Sprüche gekennzeichnet.

! Vulgärer oder gewagter Ausdruck!

Total vulgär oder gewagt. Achtung, diese Meldung könnte auch fett nach hinten losgehen!

Du hast es hier mit dem Spanisch zu tun, das man wirklich spricht, deshalb geben wir dir eine möglichst genaue deutsche Übersetzung. So kannst du sehen, wann ein Ausdruck oder ein Spruch wirklich angebracht ist und wann voll daneben.

## Außerdem wirst du auf diese Zeichen stoßen:

Unzensiert Echt vulgär oder anstößig

FACTS Coole Facts – kaum zu glauben, aber wahr

Für Insider Insidertipps

## Zu guter Letzt

Sprache verändert sich ständig. Was heute in ist, kann morgen schon out sein. Wenn du in diesem Buch also etwas liest, was absolut von gestern ist, oder wenn du ein cooles Wort kennst, das wir vergessen haben – schreib uns eine Mail an **redaktion@berlitzpublishing.de.**

Nicht umsonst steht auf dem Cover „Unzensierte Ausgabe"! Bewahre dieses Buch für Eltern, Lehrer und potenzielle spanische oder lateinamerikanische Schwiegermamas unzugänglich auf! Risiken und Nebenwirkungen beim Gebrauch der Ausdrücke kann der Verlag nicht ausschließen.

# 1 Anmachen und Abwimmeln

- *Flirt-Sprüche für jede Gelegenheit*
- *Süße Komplimente für Fortgeschrittene*
- *Coole Abfuhren: Wie du nervige Typen und Tussen wieder loswerden kannst!*

# Erste Worte ... 1

*Lass dir nicht den Flirt deines Lebens entgehen, nur weil dir auf Spanisch die Worte fehlen. Wenn du diese Sprüche drauf hast, kriegst du jede(n) rum.*

**¿Cómo te llamas?**
Wie heißt du?
Nicht gerade kreativ ... aber ein Anfang!

**¿Has venido antes por aquí? / ¿Has estado antes aquí?**
Bist du schon mal hier gewesen?

**Me suenas de algo ... / Me suena tu cara ...**
Irgendwie kommst du mir bekannt vor .../Irgendwie kommt mir dein Gesicht bekannt vor ...
Muss nicht wahr sein, bricht aber garantiert das Eis ...

**Tienes cara conocida ...** *AM* **/ Tu cara me resulta / se me hace conocida ...** *E*
Dein Gesicht kommt mir irgendwie bekannt vor ...
Der perfekte Spruch, um ins Gespräch zu kommen!

**¿Nos conocemos?**
Kennen wir uns nicht?
Der Klassiker – aber wer weiß, vielleicht klappt's ja.

1

**¿Estudias o trabajas?**
Studierst du oder arbeitest du?
*DIE typische Frage, alles andere als originell ...*

**¿Solo/a?**
Ganz alleine?
*Auch ein Klassiker ... aber so findest du wenigstens schnell raus, ob ihr Freund oder seine Freundin gleich um die Ecke steht.*

**¿Te presento a mi amigo/a ...?**
Soll ich dich mal meinem Freund/meiner Freundin vorstellen?
*Klingt zwar förmlich, kommt aber gut.*

**¿De qué conoces a Pedro?** *E* / **¿De dónde conoces a Pedro?** *AM, E*
Woher kennst du Pedro?

# Flirten überall

*Der Traummann oder die Traumfrau kann überall lauern – dumm, wenn man dann nicht den passenden Spruch parat hat. Ob schüchtern, charmant oder einfach total schräg, hier findest du für jede Gelegenheit und jeden Typ etwas.*

---

**Für Insider** Der berühmte „Latin Lover", von dem deutsche Frauen so gerne träumen, ist eher Mythos als Tatsache. In Spanien ist er jedenfalls eine seltene Spezies, und die meisten spanischen Frauen stehen auch nicht wirklich auf diesen Männer-Typ. Der typische Spanier ist ziemlich schüchtern, wenn es ums Flirten geht, und Tanzen oder Komplimente machen ist erst recht nicht drin. Die Lateinamerikaner dagegen dürfen sich das nicht erlauben – egal ob schüchtern oder nicht, ER muss den ersten Schritt machen. Hüten sollte man sich vor dem so genannten „Macho Ibérico" *E* oder „Macho de América" *AM*, einer besonders stolzen und eitlen Sorte Mann – angeberisch, machohaft und natürlich davon überzeugt, dass jede Frau sich glücklich schätzen kann, die seinen Weg kreuzt.

---

# 1 Im Lieblingscafé ...

*... oder in der Stammkneipe. Mit diesen Sprüchen fehlen dir nie die Worte, wenn du jemanden entdeckst, der dir gefällt:*

**¿Puedo?**
Darf ich?
Ein Wort für alles, wofür du um seine oder ihre Erlaubnis bitten möchtest ...

**¿Me puedo sentar?**
Darf ich mich setzen?

**¿Está libre esta silla?**
Ist der Stuhl hier noch frei?

**FACTS** Vorsicht, wenn du in Spanien oder Lateinamerika in eine Kneipe oder ein Restaurant gehst. Es ist absolut unüblich, sich zu anderen Leuten an einen Tisch zu setzen – egal wie voll der Laden oder wie groß der Tisch ist. Wenn du fragst, ob du dich dazusetzen kannst, erntest du höchstens ein paar verwunderte, befremdete Blicke ... aber wahrscheinlich keinen Sitzplatz.

**¿Te invito a un café?**
Darf ich dich auf 'nen Kaffee einladen?

**¿Dónde están los baños?**
Wo sind denn die Toiletten?

**¿Tienes hambre?**
Hast du Hunger?

**¿Quieres comer algo?**
Möchtest du was essen?

**¿Te gusta este garito?** *E* **/ ¿Te gusta el lugar / local?** *AM, E*
Gefällt dir die Kneipe?/Gefällt dir die Location/der Laden?

## Auf dem Dancefloor

*Eine volle Tanzfläche oder eine schummrige Bar – nirgends lässt sich's besser flirten … wenn dir die richtigen Sprüche einfallen.*

**¿Quieres tomar algo? / ¿Te gustaría tomar algo?**
Willst du was trinken?

**¿Echamos un trago?** *E* / **¿Tomamos un pote?** *E* / **¿Tomamos un trago?** *AM, E*
Trinken wir 'nen Schluck?/Trinken wir einen?

**¿Pido algo para ti también?**
Kann ich dir auch was bestellen?

**¿Estás solo/a?**
Bist du allein hier?

**¿Bailamos?**
Hast du Lust zu tanzen?

---

**Für Insider** Wer bei lateinamerikanischen Frauen landen will, muss ein absoluter Romantiker sein. Lateinamerikanerinnen werden mit Schnulzen und Kitschromanen groß, und genau das wollen sie in ihrem Liebesleben auch haben. Die meisten warten auf den hübschen, aufmerksamen, perfekten Märchenprinzen, der ein romantisches Liebesleben garantiert und mit ihnen alt werden will. Bei den Spanierinnen hat man's da einfacher: Die sind schon in der Realität angekommen und brauchen außer Felipe keinen weiteren Prinzen in ihrem Leben.

---

**¿Qué onda?** *AM*
Was geht?
*Perfekt, wenn du das Eis brechen willst oder checken willst, was so abgeht.*

**¿Tomamos la penúltima?**
Wir trinken noch 'ne Runde, oder? (Wörtl.: Trinken wir den Vorletzten?)
*Der typische Spruch, wenn man so richtig einen draufmachen will.*

**¿Tomamos la espuela?** *E*
Einer geht noch, oder?/Trinken wir noch 'nen Absacker? (Wörtl.: Trinken wir noch einen Sporn?)
*Vielleicht der Ansporn für den gemeinsamen Heimweg ...*

**¡La noche es joven!** *AM, E* **/ ¡La noche recién empieza!** *AM*
Die Nacht ist noch jung!

**¿A dónde vais cuando chapen?** *E* **/ ¿A dónde van cuando cierran?** *AM*
Wohin geht ihr, wenn sie hier dicht machen?

**FACTS** In Spanien benutzt man die zweite Person Plural, wenn man mehrere Personen anspricht, die man duzt. Das ist in Lateinamerika anders – man verwendet die dritte Person Plural, wie auch bei „ustedes". Es wird also kein Unterschied gemacht, ob man Leute duzt oder siezt.

**¿Te gustaría mover el esqueleto?** *AM, E* /
**¿Te apetece mover / menear el esqueleto?** *E*
Hast du Lust zu tanzen? (Wörtl.: Hast du Lust, das Skelett zu bewegen?)

---

**Für Insider** Wenn man in Lateinamerika tanzen geht, ist man meistens schon als Pärchen unterwegs. Alleine auf der Tanzfläche aufzulaufen, ist tabu – „herrenlose" Frauen werden ganz traditionell von den Single-Männern zum Tanzen aufgefordert.
In Spanien ist Alleine-Tanzen erlaubt, meistens stehen die Jungs unmotiviert am Rand, während die Mädels auf der Tanzfläche abgehen.

---

# Heißer Flirt am Strand 1

*Sonne, Sommer … und viele braun gebrannte Typen und Mädels – wer wird da nicht schwach?*

**¡Te estás achicharrando / tostando!**
**¿Te echo crema?** *AM, E /*
**¡Te estás poniendo rojo/a como un cangrejo!**
**¿Te echo crema?** *AM, E /*
**¡Estas colorado/a como un tomate!**
**¿Te pongo crema?** *AM /*
**¡Pareces pollo rostizado! ¿Te pongo crema?** *AM*
Du schmorst hier vor dich hin!/Du wirst krebsrot!/Du bist rot wie 'ne Tomate!/Du siehst aus wie ein gebratenes Huhn! Soll ich dich eincremen?

**¡Pareces una milanesa! ¿Te saco el arena?** *AM*
Du siehst aus wie ein paniertes Schnitzel! Soll ich dir mal den Sand wegmachen?
*Die perfekte Ausrede für die Lizenz zum Anfassen …*

**¡Al agua patos! ¡Prohibido hacer aguadillas / ahogadillas!** *E /* **¡Prohibido ahogar!** *AM*
Auf ins Wasser! Tunken verboten!
(Wörtl.: Ins Wasser, Enten!)

**¿Podemos compartir la sombrilla?**
Teilen wir uns den Sonnenschirm?
*Da heißt es eng zusammenrutschen …*

# 1 Sport ist ... Flirt!

*Beim Sport ist nicht nur Schwitzen angesagt ... schließlich gibt es um dich rum viele durchtrainierte Körper ... perfekt fürs Auge und den kleinen Flirt am Rande.*

**¡Eres pura fibra! / ¡Estás cachas! / ¡Estás mazas!**
Du hast geile Muskeln!/Wow, du bestehst ja nur aus Muckis!/Du bist voll durchtrainiert!

**¡Que lomo / lomazo que tienes!** *AM*
Wow, geile Figur!/Wow, toller Body!
(Wörtl.: Du hast geile Lenden!)

**¡Qué gatos tienes!** *HONDURAS, GUATEMALA*
Du hast geile Muskeln!
„Gato" heißt eigentlich Katze. In Guatemala und Honduras kann es sich dabei aber auch um Muckis drehen, und in Argentinien ist „un gato" eine besonders attraktive Frau, die die Männer ausnutzt.

**¡Qué gatudo!** *HONDURAS, GUATEMALA*
Wow, du bist voll in Form!

**¡Tienes un cuerpo de diez / cuerpazo!**
Du hast 'nen super Body!
Wenn eine Sache „diez" (zehn) ist, dann ist einfach alles perfekt, bei einer Eins ... nicht ganz so.

**¿Te vienes a sudar** *AM, E* **/ transpirar** *AM* **la camiseta? / ¿Vienes a hacer deporte?**
Gehst du sporteln? (Wörtl.: Schwitzt du jetzt dein T-Shirt durch?)/Machst du jetzt Sport?
Ups! „Hacer deporte" kann auch „Sex haben" bedeuten ... kommt ganz auf den Zusammenhang an!

**¡Qué bueno/a que estás!**
Wow, du siehst echt super aus!

**¡Todo duro!** *AM*
Perfekt durchtrainiert! (Wörtl.: Alles hart!)

## Das Glück liegt auf der Straße

*Was tun, wenn man nichts ahnend die Straße entlanggeht, und auf einmal biegt ER oder SIE um die Ecke? Vielleicht klappt's ja damit:*

**¿Damos un voltio** *E* **/ garbeo** *E* **/ una vuelta?** *AM, E*
Laufen wir 'ne Runde?/Machen wir 'nen kleinen Spaziergang?
„Voltio" heißt eigentlich „Volt", aber weil's so ähnlich klingt wie „vuelta", wird es auch für Spaziergänge benutzt. Logisch, oder?

1

**¿Vienes al cine en pandilla** *E* / **cuadrilla** *AM, E* / **grupo ?** *AM, E* /
**¿Vienes al cine con mis colegas / coleguis?** *AM, E*

Magst du mit mir und meinen Kumpels/meiner Clique ins Kino gehen?/Hast du Bock, mit mir und meinen Leuten ins Kino zu gehen?

*„Pandilla" ist in Lateinamerika eine Bande von Jugendlichen, die krumme Dinger drehen, in Spanien einfach eine ganz normale Clique.*

---

**Für Insider** In Spanien und Lateinamerika geht man eigentlich immer mit den gleichen Leuten weg, die man seit ewigen Zeiten kennt. Meistens besteht die Clique nur aus Jungs oder nur aus Mädels. Damit der Flirtfaktor höher wird, müssen sich also möglichst eine Mädels-Clique und eine Jungen-Clique irgendwie zusammentun. Am besten klappt das, wenn sich schon ein Pärchen gefunden hat … der Rest ist dann nur noch eine Frage der Zeit.

---

**¿Subes? Te llevo.**
Komm, steig ein. Ich nehm dich mit.
*Nur für Autobesitzer geeignet!*

**Vamos en mi carro** *AM, E* / **nave** *MITTELAMERIKA* / **coche** *AM, E* / **auto.** *ARGENTINIEN, URUGUAY*
Wir fahren mit meinem Auto/meiner Karre.
*„Carro" ist in Lateinamerika ein ganz normales Wort für Auto, in Spanien benutzt man's nur in der Umgangssprache. „Nave" heißt eigentlich „Schiff", aber der Mittelamerikaner übertreibt eben gerne ein bisschen ...*

## Nächster Halt ... Liebe

*Dicht gedrängt in der U-Bahn oder im Bus stehen, muss nicht immer nervig sein. Kommt ganz darauf an, wer neben dir ist ...*

**¿Qué línea va al centro? / ¿Qué número va al centro?**
Welche Linie/Nummer fährt denn ins Zentrum?

**¿Esta línea me deja bien para ir a ...?**
Ist das die richtige Linie zu/zum ...?

## 1 Für Insider

Busse sind in Lateinamerika die beliebtesten und wichtigsten öffentlichen Verkehrsmittel. Informationen über Abfahrtszeiten oder Routen gibt es aber trotzdem an den meisten Haltestellen nicht – also die perfekte Gelegenheit für dich, mit interessanten Leuten ins Gespräch zu kommen, denn irgendwoher musst du die Infos ja kriegen. Wenn die Busse dann erst mal da sind, sind sie in manchen Ländern so voll, dass die Leute mit ihrem Gepäck (von Koffer bis zu gackerndem Huhn) auf dem Dach oder in den Gängen sitzen. Während der Fahrt wird gegessen, getrunken, geredet … und natürlich auch geflirtet – du solltest nur aufpassen, dass du nicht zwischen einer Truppe älterer Herrschaften zum Sitzen kommst.
Spanische Busfahrten sind nicht so aufregend. Es gibt ganz normale Fahrpläne, und auch sonst läuft alles eher so wie bei uns – der Flirtfaktor ist also eher gering.

---

**¿A qué hora es el último metro** *E* **/ subte?** *AM*
Wann geht die letzte U-Bahn?
*„Subte" ist eine Abkürzung für „subterráneo" (U-Bahn).*

**¿Sueles pillar este buseto?** *E*
Fährst du immer mit dem Bus hier?

| | |
|---|---|
| **¿Sueles tomar …**<br>**este autobús / bus?**<br>**este colectivo / ómnibus?** *ARGENTINIEN, URUGUAY*<br>**esta guagua?** *KARIBIK, KANAREN*<br>**esta burra?** *MEXIKO, GUATEMALA* | Fährst du immer mit dem Bus hier? |

**¿Te vas en bondi?** *ARGENTINIEN, URUGUAY*
Fährst du mit dem Bus?
*„Bondi" ist eine Abkürzung für „albóndiga" (Fleischkloß). Man nennt die Busse so, weil sie meistens ziemlich zerbeult und fertig aussehen.*

**Ya estoy al loro para que no se nos cuele el bus.** *E*
Ich pass schon auf, dass wir den Bus nicht verpassen.

# 1 Heiße Rhythmen ...

*... heiße Flirts! Baggern auf dem Konzert? Nichts leichter als das. Unterhaltet euch doch einfach über eure Lieblingsband, und schon habt ihr was gemeinsam ...*

**Oye, ¿qué te parece el concierto?**
Wie findest du das Konzert denn so?

*Wenn du total begeistert bist, dann findest du hier die richtigen Worte:*

| | |
|---|---|
| **Es ...** | Ich find's ... |
| **cojonudo.** 💣 *E* | super. |
| **de puta madre.** 💣 | den totalen Hammer/ echt fett. |
| **de la hostia.** ! *E* | den totalen Hammer/ echt fett. |
| **de cine / película.** | geil. |
| **Estuvo ...** | Das war ... |
| **de diez.** | absolut spitzenmäßig. |
| **genial.** | genial. |
| **bacán** *CHILE, EKUADOR, PERU, KUBA, KOLUMBIEN /* **bacano.** *KOLUMBIEN* | super. |
| **alevoso.** *AM* | geil. |

| | |
|---|---|
| **Se salen.** | Sie übertreffen sich selbst. |
| **Se pasaron.** *AM, E /* **La reventaron.** *AM* | Sie haben sich selbst übertroffen. |
| **Son brutales / cañeros.** | Die sind brutal gut. |

*Und wenn du's so richtig schlecht findest, dann versuch's damit:*

| | |
|---|---|
| **Un …** | |
| **muermazo.** | Stinklangweilig. |
| **coñazo.** | Saulangweilig. |
| **bodrio.** | Total schlecht. |
| **moco.** *AM* | Total schlecht. |
| **desastre.** | Schrecklich. |
| **Dos que tres.** *GUATEMALA, SALVADOR, MEXIKO* | Total schlecht. Spielt auf die Schulnoten an: Zehn ist super, vier gerade noch befriedigend, und alles was drunter liegt, ist einfach nur schlecht. |

**Dieron lástima.**
Die waren so schlecht, dass sie einem fast leidtun können.

**1**

| | |
|---|---|
| **Una ...** | |
| **mierda.** | Total scheiße. |
| **braga.** ! *E* | Beschissen. (Wörtl.: Damen-Unterhose) |
| **basura.** | Der totale Müll. |
| **porquería.** | Eine Sauerei. |

**FACTS** Gemein, aber wahr: Wörter, die sich auf weibliche Geschlechtsorgane beziehen, haben im Spanischen oft eine negative Bedeutung, während die, die auf die männlichen zurückgehen, meistens positiv sind. „Un coñazo" kommt zum Beispiel von „coño" (Fotze) und heißt „saulangweilig", „cojonudo" dagegen leitet sich von „cojones" (Eier) ab und bedeutet „super". Aber Vorsicht, es gibt nicht zu jedem Wort ein Gegenstück: „Braga" (Damen-Unterhose) verwendet man, um zu sagen, dass etwas total beschissen ist – aber bilde dir nicht ein, dass „calzoncillo" (Herren-Unterhose) „super" heißt ... das bedeutet wirklich nur Unterhose!

*Du bist total in einen Typen oder ein Mädel aus deiner Klasse oder deiner Uni verknallt, aber du traust dich einfach nicht, sie oder ihn anzusprechen? Spring über deinen Schatten und versuch's mal damit …*

**¿Haces pira / pellas / novillos / campana conmigo?** *E*
Machen wir zusammen blau?

**¿Te haces la rata / chupina conmigo?** *AM*
Machen wir zusammen blau?

**¿Vienes a mi choza a empollar / chapar / hincar los codos?** *E*
Kommst du mit zu mir, und wir büffeln zusammen/streben zusammen rein?
„Empollar" heißt eigentlich (Eier) ausbrüten … oder pauken, wahrscheinlich weil man über seinen Schulheften oder Uni-Skripten manchmal auch ewig brütet.

**¿Estudiamos juntos?**
Lernen wir zusammen?
Vielleicht fällt euch auch was Spannenderes ein, wenn ihr erst mal alleine seid …

**¿Me prestas tus apuntes / notas de clases?**
Leihst du mir deine Notizen aus?
*So kommt ihr gleich nochmal ins Gespräch, wenn du sie ihm oder ihr wiedergibst ...*

**Sóplame la pregunta número 4.** *AM, E /*
**Pásame la pregunta número 4.** *AM, E /*
**Chívame la pregunta número 4.** *E*
Sag mir schnell die Lösung für die Nummer vier./ Schieb mal die Lösung für die Nummer vier rüber.
*Wenn ihr beim Spicken und Einsagen ein super Team seid, ist vielleicht auch ein Date nach der Schule oder Vorlesung drin ...*

**¿Quedamos para hacer chuletas** *E* **/ machetes** *AM* **/ polla** *EKUADOR* **para el examen?**
Treffen wir uns und schreiben zusammen Spicker für die Klausur/Prüfung?
*Aber lasst euch in der Prüfung nicht erwischen ...*

**Esta noche salimos de joda.** *ARGENTINIEN, CHILE, URUGUAY*
Heute Abend machen wir Party.

**Esta noche hay una fiesta orgasmus.** *E*
Heute Abend gibt's 'ne Erasmus-Party.
*Erasmus heißt ein Programm für Studenten, die für ein oder zwei Semester im Ausland studieren.*

**FACTS** Austausch-Studenten sind auch in Spanien dafür bekannt, dass sie viele Partys auf die Beine stellen. Weil dort der Flirtfaktor immer sehr hoch ist, hat die „fiesta erasmus" in Spanien den Spitznamen „fiesta orgasmus". Kommt natürlich von „orgasmo" (Orgasmus) und heißt wörtlich … Orgasmusfete.

## Büroflirt gefällig?

*Fast die Hälfte aller Paare lernen sich bei der Arbeit kennen. Vielleicht klappt's ja auch bei dir …*

**¿Hacemos un kit-kat?** *E* / **¿Nos tomamos un break?** *AM*
Machen wir ein Päuschen?
„Hacer un kit-kat" kommt von der Schokoriegel-Werbung „Have a break, have a Kit-Kat".

**¿Cortamos / paramos un rato?**
Machen wir 'ne kurze Pause?

# 1

**¿Te echo un cable con las facturas?** *AM, E* **/**
**¿Te echo unas líneas con las facturas?** *AM*
Soll ich dir bei den Rechnungen helfen?

**– ¡Eres todo un currante!** ♂ *E*
Du bist ja voll das Arbeitstier/der Workaholic!
**– ¡Y tú una curranta!** ♀ *E*
Und du erst!

**Si tienes que pringar** *E* **/ quedar trabajando** *AM, E* **/ quedar laburando** *ARGENTINIEN, URUGUAY, PARAGUAY, BOLIVIEN* **esta tarde, te echo una mano.**
Wenn du heute 'ne Nachtschicht einlegen musst, helf ich dir.
*Ob's dann wohl schneller geht ...*

**Eres un gran trabajador** ♂ *AM, E* **/ laburador.** ♂ *ARGENTINIEN, URUGUAY, BOLIVIEN*
Du machst deine Arbeit echt gut.

**Eres trabajadora** ♀ *AM, E* **/ laburadora** ♀ *ARGENTINIEN, URUGUAY, BOLIVIEN*, **vas a llegar lejos!**
Du machst deine Arbeit echt gut, du wirst es noch weit bringen!

*Wenn du's beim Flirten eher ein bisschen abgefahrener oder romantischer willst, dann findest du hier garantiert den richtigen Spruch …*

**¡Qué nombre tan bonito / lindo!**
Wow, du hast echt 'nen schönen Namen!
*Auch wenn dir der Name nicht gefällt, ein bisschen Schleimen ist immer gut …*

**Ha sido el mejor día de mi vida.**
Das war der schönste Tag meines Lebens.
*Das solltest du aber nicht zu häufig sagen!*

---

**Für Insider** *Typische Anmachen für Jungs – ein bisschen platt, aber die Lacher sind auf deiner Seite. Und vielleicht auch das betreffende Girl!*

**¿Qué tal, chica guapa?** ♀ *E*
Hey Süße, wie geht's?

**¿Quiubo, mamita?** ♀ *AM*
Wie geht's, Kleine?

**¿Qué tal princesa / mi reina?** ♀
Wie geht's, Prinzessin?
*Für romantische Herzen …*

**¿Qué tal hermosa?** ♀
Hallo Süße, wie geht's?
*Schmeichle dich erst mal ein bisschen bei ihr ein, dann geht alles wie von selbst ... aber nicht übertreiben!*

**¿Cómo es que estás tan sola?** ♀
Warum so allein?
*Nicht gerade der endgeile Spruch, aber versuchen kannst du's ja.*

**¿Sola?, ¡no puede ser!** ♀
Du allein? Das gibt's ja wohl nicht!

**¿Qué hace sola una chica tan linda como tú?** ♀ *AM*
Was macht ein so schönes Mädel wie du allein?

**¿Qué hace una chica como tú en un sitio como éste?** ♀
Was macht eine Frau wie du an diesem Ort?
*Sag's mit dem richtigen Touch an Ironie und Schmeichelei in der Stimme ...*

*Komplimente für Sie und Ihn. Du willst deiner neuen Flamme sagen, dass du ihn oder sie total attraktiv findest … nur zu:*

| | |
|---|---|
| **Estás …** | |
| **muy bueno/a.** | Du bist total attraktiv. |
| **macizo/a.** | Du bist echt muskulös/ durchtrainiert. |
| **tremendo/a.** | Du siehst total klasse/ super aus. |
| **cañón.** | Du siehst spitzenmäßig aus. |
| **de rechupete.** | Du siehst klasse/super aus. |
| **de buen ver.** *E* | Du siehst gut aus. |
| **garreado/a.** *MEXIKO* | Du siehst schick/gut aus. |
| **churro/a.** *ARGENTINIEN, PERU, KOLUMBIEN* | Du bist süß. |
| **chévere.** *KOLUMBIEN, HONDURAS, VENEZUELA, EKUADOR, SALVADOR, MEXIKO, PUERTO RICO, PERU* | Du siehst genial/toll aus. |
| **catrín/a.** *MEXIKO, HONDURAS* | Du siehst schick aus. |

1

**Estás hecho un figurín.** ♂ / **Estás hecha una sílfide.** ♀
Du bist total zierlich.
„Figurín" heißt wörtlich „kleine Statue/Figurine", „sílfide" ist die Elfe.

| | |
|---|---|
| **Estás …** | |
| **fuerte.** *AM* (Wörtl.: stark) | Du siehst super aus. |
| **de infarto** ♀ ♂ *E* / **para el infarto.** ♀ *AM* | Du bist supergeil/ atemberaubend. |
| **hecha un bizcocho.** ♀ *KOLUMBIEN, MEXIKO* | Du siehst super aus./ Du bist 'ne Sahneschnitte. |
| **Tienes …** | Du hast … |
| **un cuerpazo.** | einen tollen Body. |
| **un cuerpo de infarto.** | einen atemberaubenden Body. |

**Für Insider** In Lateinamerika macht man(n) den Frauen gerne Komplimente, auch in der Öffentlichkeit. Wundere dich also nicht, wenn du die Straße entlanggehst und man dir lautstark Schmeicheleien hinterherruft.

In Spanien darf auch frau den Männern mal was Nettes sagen, aber sie tun's meistens nur im Privaten. In der Öffentlichkeit sind es wie in Lateinamerika die Männer, die den Frauen schmeicheln.

---

**Eres un tío ...**
**legal.** *E*
**cojonudo.**
**dabuten.** *E*
**flipante.** *E*
**de puta madre.**
**guay.**

Du bist echt ein super/toller Typ.

**¡Menuda jaca ♀ / jamelga! ♀**
Du bist echt 'ne geile Braut! (Wörtl.: Was für eine Stute!)

**¡Menudo bollo ♂** *E* **/ bollicao! ♂** *E*
Du bist echt ein Typ zum Anbeißen!/Du bist erste Sahne! (Wörtl.: Was für ein Gebäck!)

# 1 Unzensiert

*Du findest ihn oder sie so richtig heiß?*
*Dann sag es so:*

**Estás …**

| | |
|---|---|
| **como un tren** ! / **camión.** ! | Du siehst echt super aus. (Wörtl.: Du bist wie ein Zug/wie ein Lastwagen.) |
| **más bueno/a que el pan.** ! *E* | Du siehst echt super aus. (Wörtl.: Du bist besser als Brot.) Vorsicht: „Eres más bueno que el pan" heißt „Du bist zu gut für diese Welt"! |
| **para comerte.** ! | Du bist lecker./Du bist zum Anbeißen schön. (Wörtl.: Du bist zum Aufessen.) |
| **de toma pan y moja.** ! *E* | Du bist lecker./Du bist zum Anbeißen schön. (Wörtl.: Du bist zum Brot-Eintunken.) |
| **potente.** ! | Du bist total attraktiv. |
| **para chuparse los dedos.** ! | Du bist lecker./Du bist zum Anbeißen. (Wörtl.: Du bist zum Finger-Abschlecken.) |

**¡Eres un camión con acoplado!** ♀ 💣 *AM*
Du siehst einfach rundrum toll aus! (Wörtl.: Du bist ein Lastwagen mit Anhänger.)
*Hmmm, man darf die Latin Lover nicht immer wörtlich nehmen ...*

**¡Qué culo, mamita!** ♀ 💣 *AM*
Hey Süße, du hast einen geilen Hintern!

**¡Qué potra** ♀ **/ potro!** ♂ *AM*
Du siehst super aus! (Wörtl.: Was für ein Fohlen!)

**¡Estás para el levante!** ♂ *AM*
Du bist zum Ficken schön!
*Nicht immer muss man bei Schönheit gleich sterben ...*

**Tienes un buen polvo** 💣 *E* **/ un polvazo.** 💣 *E*
Du siehst total geil aus.
*Wörtlich heißt „polvo" eigentlich „Staub", aber in der Umgangssprache steht es für „Fick".*

## 1 Anmachsprüche fürs Handy*

*Baggern per SMS? Nichts einfacher als das! Auch für Schüchterne bestens geeignet …*

**Hazme una perdida.**
Ruf mich auf dem Handy an und leg dann auf.
… dann hab ich deine Nummer.

**Ymam [Llamame.]**
Ruf mich an.

**KDMS? [¿Quedamos?]**
Treffen wir uns?

**SLDS [Saludos]**
Grüße.

**BSOS [Besos]** *AM, E* / **B7s [Besitos]** *AM*
Bussis./Küsschen.

**Besotesssss [Besotes]**
Dicke Küsse.

**X q no vams juntos? [¿Por qué no vamos juntos?]**
Warum gehen wir nicht zusammen hin?

**T kiero. [Te quiero.]**
HDL [Hab dich lieb.]

---

* In Spanien heißt das Handy übrigens „móvil" und in Südamerika „celular".

**Stoy x tus huesos. [Estoy por tus huesos.]**
Ich finde dich total klasse./Ich steh total auf dich.

**Stoy x tí. [Estoy por tí.]**
Ich bin in dich verknallt.

**Kntm [Cuentame.]**
Erzähl's mir.

**Xka [Chica]**
Mädchen

**t@ [Te mando un e-mail.]** *AM*
Ich schreibe dir 'ne Mail.

**Nv [Nos vemos.]** *AM*
Man sieht sich.

**QT1BD [Que tengas un buen día.]**
Ich wünsche dir einen schönen Tag.

## Der Cyber-Flirt

*Tipps und Sprüche für den virtuellen Flirt …*

**Q webs te molan? [¿Qué páginas web te molan?]** *E*
Welche Web-Seiten findest du gut?

**Déjame un msg en mi ficha** *E* **/ chat** *AM, E* **y te contestaré. [Déjame un mensaje en mi ficha / chat y te contestaré.]**
Hinterlass mir 'ne Nachricht in meinem Postfach, dann antworte ich dir.

**Mándame un emilio.**
Schick mir 'ne Mail.
„Emilio" klingt ähnlich wie das englische Wort „e-mail". Der ganz offizielle spanische Ausdruck ist aber „correo electrónico".

**Mi htmil es … [Mi dirección de hotmail es …]**
Meine Hotmail-Adresse ist …

**FACTS** Beim Chatten und Simsen kommt's darauf an, möglichst schnell zu sein und mit möglichst wenigen Zeichen ganz viel zu sagen. Damit das klappt, gibt's auch in Spanien und Lateinamerika eine Art „Rechtschreibreform" für Internet und Handy: Vokale, Akzente und das „H" lässt man meistens einfach weg, „qu" wird durch „k" ersetzt, „por" durch „x" usw. Richtig feste Regeln gibt's natürlich nicht, und die „neue Rechtschreibung" wird auch fast nur von jungen Leuten benutzt. Für alle Nichteingeweihten gibt's im Internet mittlerweile ein Wörterbuch, in dem Abkürzungen und Begriffe gesammelt werden, die man beim Simsen und Chatten auf Spanisch benutzt. Schau doch einfach mal rein und lass dich inspirieren: http://www.diccionariosms.com.

**Mi @ es: [Mi dirección e-mail es:]**
Meine E-Mail-Adresse ist:

**Busco xica divertida xa lo q surja. [Busco chica divertida para lo que surja.]**
Suche lustiges Girl für alles, was so kommt.

**Algun xico wapo x ahi? [¿Algún chico guapo por ahí?]**
Gibt's hier irgendeinen süßen Typen?

# 1 Sprüche zum Abwimmeln

*Du willst jemanden abblitzen lassen wie ein Profi, und das auf Spanisch? Ob auf die harte oder die herzliche Tour – such dir was aus:*

## Auf die nette Art

*Wenn du eher der „liebe" Typ bist …*

**No, gracias. Estoy cansado/a.**
Nein danke. Ich bin müde.
*Klingt langweilig, erfüllt aber seinen Zweck.*

**Estoy esperando a alguien.**
Ich warte auf jemanden.
*Aber nicht auf dich!*

**Te lo agradezco, pero no puedo.**
Danke, aber ich kann nicht.
*Sehr höflich!*

**A lo mejor otro día.**
Vielleicht ein andermal.
*Dieses „Mal" wird es nie geben …*

**Lo siento, ya he quedado.**
Sorry, ich bin schon verabredet.

**Para mañana ya tengo planes.**
Morgen hab ich schon was vor.

**Nos hablamos ...** *AM* **/ Hablamos ...** *E*
Wir hören voneinander ...
*Oder auch nicht!*

## Auf die harte Art

*Er oder sie kapiert einfach nicht, dass du deine Ruhe haben willst? Dann musst du zu anderen Mitteln greifen ...*

**Tío / Tía, me agobias mogollón. ¡Pírate!** *E*
Hey Mann/Hey Alde, du gehst mir auf den Sack! Verpiss dich!
*Nicht gerade nett, aber glasklar.*

**¡Me aburres, tronco / tronca!** *E*
Hey Alder/Alde, du langweilst mich!
*Perfekt für den Fall, dass er oder sie dir stundenlang Sachen erzählt, die dich total annerven.*

**¡No me canses! / ¡No canse! ***
Nerv mich nicht!/Nerven Sie mich nicht!
*Absolut eindeutig!*

---

* In traditionellen Familien oder auf dem Land ist es in Lateinamerika ganz normal, sich zu siezen. Man macht das mit Familienmitgliedern (auch Geschwistern oder Eltern) und auch unter Bekannten. Das „Sie" hat dort eigentlich nichts mehr mit der gegenseitigen Vertrautheit zu tun, sondern soll einfach den Respekt füreinander zeigen.

1

**¡No me molestes! / ¡No moleste!**
Nerv mich nicht!/Nerven Sie mich nicht!

**No, ¿qué te pasa? / No, ¿qué le pasa?**
Hey, spinnst du?/Geht's noch?
*Hier führt kein Weg zueinander.*

**¡Déjame en paz! / ¡Déjeme en paz!**
Zisch ab!/Lassen Sie mich in Ruhe!

**¡Lárgate! / ¡Lárguese!**
Hau ab!/Zieh Leine!/Ziehen Sie Leine!

**¡Déjame solo/a!**
Lass mich in Ruhe!

**¡Deja de joder!** ! / **¡Deja de hinchar las bolas** ! / **pelotas!** !
Hör auf, mich anzunerven!

**¡Písese!** *KOLUMBIEN*
Verpiss dich!
*Übelst gemein, aber wenn's sein muss ...*

*Und wenn er oder sie selbst dann noch nicht kapiert hat, was Sache ist ...*

**Ni aunque estuviésemos en una isla desierta.**
Nicht mal, wenn wir allein auf 'ner einsamen Insel wären.

**¡Ni por todo el oro del mundo!**
Nicht für alles Geld der Welt!
*Wirklich?*

**Ni aunque fueses el último hombre sobre la Tierra.** ♂
Selbst wenn du der letzte Mann auf der Erde wärst, würde ich mich nicht mit dir einlassen.
*Klingt ein bisschen übertrieben, wird aber ziemlich oft benutzt.*

**Llámame el día que el infierno se congele.**
Ruf mich an dem Tag an, an dem die Hölle einfriert.
*Vorsicht Klimaveränderung!!*

**¡Nos vemos el siglo que viene!**
Wir sehen uns im nächsten Jahrhundert!
*Für den Einsatz während der Jahrhundertwende ungeeignet!*

**¡Púdrete en el infierno!**
Schmor doch in der Hölle!

**¡Muérete!** !
Hau ab! (Wörtl: Stirb!)

**¿No ves que estás dando la murga?**
Merkst du nicht, dass du total nervst?

*Du wirst ihn oder sie einfach nicht los?*
*Dann werde richtig fies und versuch's damit:*

**¡Qué te den morcilla!** ! *E*
Verschwinde! (Wörtl.: Die sollen dir Blutwurst geben!)

**¡Vete a freír espárragos!** ! / **¡Vete a hacer gárgaras!** !
Verpiss dich! (Wörtl.: Geh doch Spargel braten!/Geh doch zum Gurgeln!)
„Freír" bedeutet „in der Pfanne braten". Wenn man in Spanien oder Lateinamerika jemandem sagen will, dass er sich jetzt endlich vom Acker machen soll, dann schickt man ihn zum „Braten". Der Kreativität sind keine Grenzen gesetzt: Der Spruch funktioniert mit „espárragos" (Spargel), „patatas" (Kartoffeln), „popcorn" (Popcorn), „huevo frito" (Spiegelei) usw.

**¡Anda a freír frijoles!** *AM*
Verpiss dich! (Wörtl.: Geh doch Bohnen braten!)

**¡Ni de coña!** ! *E* / **¡Ni por el forro (de los cojones** *E* / **de las bolas** *AM***)!** / **¡Ni en pedo!** *AM* / **¡Ni de pedo!** *E*
Vergiss es!/Das kannst du sowas von vergessen!

**¡¡Estás en un pedo que no ves!!**

*ARGENTINIEN, URUGUAY, CHILE*

Das kannst du sowas von vergessen!

**¡Vete a tomar por culo, tío / tía!** *E*

Hey, du kannst mich mal!/Hey, leck mich!

*Für alle, die's immer noch nicht kapiert haben.*

**¡Vete a la mierda!**

Hau ab! (Wörtl.: Geh in die Scheiße!)

## Abfuhren fürs Handy und fürs Internet

*Du bist eher der feige Typ und willst es ihm oder ihr nicht so direkt ins Gesicht sagen? Dann versuch's doch mal per Mail oder SMS ...*

**QTDN. [Que te den.]**

Leck mich.

*In der Kürze liegt die Würze: „Por el culo" (am Arsch) kann man einfach weglassen.*

1

**No kiero ir. [No quiero ir.]**
Ich will da nicht hin.

**Ni x nax. [Ni por nada.]**
Auf keinen Fall!/Vergiss es!

**Y un guevo! [¡Y un huevo!]**
Auf keinen Fall!/Vergiss es!

**Y una kk! [¡Y una caca!]** !
Auf keinen Fall!/Vergiss es!

**grr**
Grrr
*Der internationale Warnhinweis: Ich bin total sauer/genervt.*

**clg [Colgado.]** *AM*
Du hast mich hängen lassen.

**nqh [No quiero hablar.]** *AM*
Ich hab keinen Bock zu reden!

# Liebe und Romantik

# 2

- *Die besten Vorwände für ein zweites Date*
- *Kino, Kuscheln, Kurztrips – romantische Zeitvertreibe für Verliebte*
- *Aphrodisierende Menüs für Sie und Ihn*
- *„Ich liebe dich" – spanische Varianten für den schönsten Satz der Welt*

# 15 Vorwände

*... um sie oder ihn wiederzusehen.*

**¡Hasta la semana que viene!**
Bis nächste Woche!
*Tu einfach so, als wär's schon klar, dass ihr euch auf jeden Fall wiederseht ...*

**¿Dónde vives? ¡Te acerco en un momento!**
Wo wohnst du? Ich bringe dich gleich hin!
*Und merk dir die Adresse gut ...*

**Es tarde, si quieres te acompaño.** ♀
Es ist schon spät. Wenn du willst, begleite ich dich nach Hause.
*Sei ein echter Gentleman ...*

**¿Sueles venir mucho por aquí?**
Kommst du oft hierher?

**¿A qué hora acabas / terminas?**
Um wie viel Uhr bist du fertig?
*Lass dir was Kreatives einfallen, damit er oder sie sich danach auch wirklich mit dir trifft ...*

**¿Has estado ya en el Guggenheim? Yo me lo conozco al dedillo.** *E*
Warst du schon im Guggenheim? Ich kenne mich dort supergut aus.
*Nur für Kulturinteressierte!*

**¿Has estado ya en el Museo de Arte? Yo lo conozco de diez.**
Warst du schon im Museo de Arte? Ich kenne mich dort supergut aus.
*Auch hier ist zehn gleich perfekt.*

**¿Conoces el centro? Soy el / la mejor guía de la ciudad.**
Warst du schon mal im Stadtzentrum? Ich bin der beste Stadtführer/die beste Stadtführerin, den/die es gibt.
*Verlaufen wäre jetzt peinlich ...*

**Creo que me dejé el paraguas en tu casa el otro día ...**
Ich glaube, ich hab neulich meinen Schirm bei dir zu Hause vergessen ...
*Wie praktisch!*

**Aquí ponen las mejores tapas de la ciudad, te invito.** *E* **/ Aquí se pueden comer los mejores entremeses** *AM, E* **/ las mejores picadas** *AM* **de la ciudad, te invito.**
Hier gibt's die besten Tapas der Stadt, ich lade dich ein.
*Lecker!*

2

**Quédate con mi bonometro, ya me lo devolverás.** *E*
Behalte einfach meine U-Bahn-Karte. Du kannst sie mir ja irgendwann zurückgeben.
*Eine Monats- oder Zehnerkarte muss er oder sie dir notfalls einfach wert sein ...*

**No te preocupes, pago yo, ¡y después arreglamos!** *AM* **/ No te preocupes, pago yo, ¡y después nos arreglamos!** *E*
Kein Problem, ich zahle jetzt einfach, und später regeln wir das.
*No risk, no fun!*

**¿Quieres tomar algo? ¡Te llamo y arreglamos!**
Hast du Lust, was trinken zu gehen? Ich ruf dich an, und dann machen wir was aus.

**Gracias, ¡te debo un café!**
Danke, ich schulde dir einen Kaffee!

**¡Te apuesto una cena a que sí!**
Ich wette mit dir um ein Abendessen, dass das stimmt!
*Egal wer gewinnt, das nächste Date ist sicher!*

*... für frisch Verliebte. Schmetterlinge im Bauch, südländische Leidenschaft ... So kannst du die Zeit mit deiner neuen spanischen oder lateinamerikanischen Flamme genießen:*

**¿Hablamos luego por teléfono?**
Telefonieren wir nachher?
*Natürlich stundenlang ...*

**Me gusta pasear contigo de la mano.**
Ich gehe so gern händchenhaltend mit dir spazieren.
*Klingt ein bisschen kitschig, aber wer's mag ...*

**¿Vemos un DVD / video esta noche? / ¿Vemos una película / peli en casa?**
Sollen wir heute Abend zusammen eine DVD/ein Video ansehen?/Sehen wir uns zu Hause einen Film an?
*Wenn ihr noch bei euren Eltern wohnt, sollten die aber unterwegs sein. Ihr wollt ja einen romantischen Abend ...*

**Podemos salir a cenar y a bailar.**
Wir könnten was essen gehen und danach zum Tanzen.
*Das klassische Programm ...*

**¿Quedamos para cocinar en mi casa?**
Treffen wir uns und kochen was bei mir zu Hause?
*Aber nur, wenn deine Eltern oder Mitbewohner nicht auch in der Küche rumsitzen …*

**Propongo ir de picnic al parque y tumbarnos *E* / tirarnos *AM, E* al sol.**
Wir könnten ein Picknick im Park machen und uns sonnen.

**¿Vamos a dormir a la playa y vemos juntos la puesta de sol?**
Sollen wir am Strand schlafen und den Sonnenuntergang zusammen ansehen?
*Romantik pur …*

**Te invito a pasar un fin de semana en mi casa de campo.**
Ich lade dich auf ein Wochenende in unserem Landhaus ein.
*Wenn du eines hast …*

**Me gustaría „conocerte mejor".**
Ich würde dich gern besser kennen lernen.
*Das kann auch „körperlich kennen lernen" heißen …*

*Die richtigen Speisen und Drinks für Verliebte*

**FACTS** „Tan raro este fenómeno. Parecía que su ser se había disuelto en la salsa de rosas, en el cuerpo de las codornices, en el vino, y en cada uno de los olores de la comida. De esta manera, Tita penetraba en el cuerpo de Pedro, voluptuosa, aromática, calurosa, completamente sensual." (Ein komisches Phänomen. Es schien, als hätte sie sich in der Rosensoße aufgelöst, im Körper der Wachteln, im Wein und in den ganzen Gerüchen der Speisen. So drang Tita in den Körper von Pedro ein, wollüstig, aromatisch, heiß, ganz sinnlich.). Das schreibt die mexikanische Autorin Laura Esquivel in ihrem Roman „Como agua para chocolate" (Bittersüße Schokolade), einer Geschichte von einer schwierigen Liebe und gutem Essen.

Wenn du deine neue Flamme auch über den Kochtopf erobern willst, dann pass jetzt gut auf ... denn auch in Spanien sagt man „¡Al hombre se le gana por el estómago!" (Den Mann erobert man über den Magen) ... und wenn du ihr nicht gerade mit Burgern vom Mac kommst, die Frau sicher auch!

# 2 Menü-Tipps …

*… für dein spanisches Candle-Light-Dinner*

*Entrantes/Appetithäppchen*

**Cocktail de marisco**
Meeresfrüchte-Cocktail
*Man sagt, Meeresfrüchte hätten eine aphrodisierende Wirkung … und zwar nicht nur die Auster!*

**Entremeses variados**
Gemischter Vorspeisenteller
*„Fritos" (Fritiertes), Wurst, Spargel, Kanapees …*

**Salmón ahumado**
Räucherlachs

*Primero/Vorspeise*

**Almejas en salsa**
Venusmuscheln in Soße

**Setas con gambas**
Pilze mit Garnelen

**Ensalada de salmón**
Lachssalat

**Ensalada de apio**
Selleriesalat
*Nicht nur Vitamine: Roh gegessen macht Sellerie Lust auf … Liebe.*

**Sopa de pescado**
Fischsuppe
*Vorsicht kompliziert!*

---

**Für Insider** In Spanien isst man viel später als bei uns. Ein romantisches Abendessen würde niemals vor neun Uhr beginnen. In Restaurants bestellt man immer eine Vorspeise und ein Hauptgericht, Appetizers und Nachtisch nur manchmal.
Ob das Abendessen mit einer heißen Liebesnacht endet, hängt natürlich auch vom Ambiente ab: Such dir ein nettes Restaurant mit möglichst wenig Licht und natürlich leckerem Essen … und deinem Erfolg steht nicht mehr viel im Weg.
Aber Männer aufgepasst! Auch wenn es in Spanien immer weniger üblich ist, dass der Mann die Frau einlädt: Bei den ersten Rendezvous kommt es total schlecht, wenn er's nicht tut. Und in Lateinamerika ist sowieso klar, dass ER zahlt, wenn er SIE zum Essen einlädt. In den Großstädten geht es zwar mittlerweile etwas moderner zu, aber auf dem Land erobert man eine Frau nur, wenn man sie auch immer einlädt.

---

Essen … aber übertreib's lieber nicht! Du brauchst ja auch mal 'ne Pause.

**Clavo de olor** (Gewürznelke): Gewürznelken fördern die Durchblutung und wurden deshalb in Indien gegen Impotenz verzehrt. Weil ihr Geruch und Geschmack so stark ist, hat man sie auch gegen Mundgeruch gekaut, bevor man eine heiße Liebesnacht hatte. Aber besser ist's, wenn du einfach sein Essen damit würzt …

*Für Sie:*

**Frambuesa** (Himbeere): Entspannt sie und macht sie bereit, von dir verführt zu werden.

**Avena** (Hafer): Erhöht den Testosteron-Gehalt im Blut und steigert ihre Lust. Aber setz ihr bloß keinen Haferschleim vor, sondern lass dir was Leckeres einfallen.

**Regaliz** (Lakritze/Süßholz): Angeblich haben Frauen früher die Süßholzwurzel gekaut, um so richtig leidenschaftlich zu werden. Vielleicht kommt daher das „Süßholz raspeln"?

# Ein bisschen turteln 2

*Hier findest du ein paar Kosenamen, die du an deiner neuen Flamme testen kannst:*

| | |
|---|---|
| **Dame un beso, …** | Gib mir einen Kuss, … |
| **cariño.** | Schatz. |
| **mi vida.** | Süße. (Wörtl.: mein Leben) |
| **mi amor.** | Liebling. (Wörtl.: meine Liebe) |
| **mi cielo.** | mein Stern. (Wörtl.: mein Himmel) |
| **cielito.** *E* | mein Sternchen. (Wörtl.: Himmelchen) |
| **tesoro.** | Schatz. |
| **corazón.** | Schätzchen. (Wörtl.: Herz) |
| **mami.** ♀ *AM* | Baby. (Wörtl.: Mami) |
| **papi.** ♂ *AM* | Baby. (Wörtl.: Papi) |
| **gorda.** ♀ *AM* | Dickerchen. |
| **gordo.** ♂ *AM* | Dickerchen. Total in, auch bei superschlanken Lovern. |
| **princesa.** ♀ | Prinzessin. |
| **amor de mi vida.** | Liebe meines Lebens. |
| **mi sol.** | meine Sonne. |
| **hermosa.** ♀ *AM* | Süße. |

## 2 Ich liebe dich

*Schmetterlinge im Bauch? So klingen die berühmten drei Wörter auf Spanisch:*

**Me haces tilín.** *E*
Du gefällst mir./Ich finde dich gut.
*Ein paar Schmetterlinge, aber noch keine Liebe ...*

**Me gustas.**
Du gefällst mir./Ich finde dich gut.

**Bebo los vientos por ti.**
Ich mag dich./Ich steh auf dich. (Wörtl.: Ich trinke Wind wegen dir.)

**Me como los mocos por ti.**
Ich mag dich./Ich steh auf dich. (Wörtl.: Ich esse Popel wegen dir.)

**Me embelesas.**
Ich steh auf dich.

**Me siento atraído/a por ti.**
Ich fühle mich zu dir hingezogen.
*Schon etwas mehr ...*

**Estoy por ti.**
Ich bin in dich verknallt.
*Typischer Spruch für Teenies, den sie an die Wände oder auf die Hefte schreiben.*

**Estoy colado/a por ti.** *E*
Ich bin total in dich verknallt.

**Me vuelves loco/a. / Estoy loco/a por ti. / Estoy loquito/a por tus huesos.**
Du machst mich ganz verrückt./Ich bin verrückt nach dir.
*Liebe macht nicht nur blind ...*

**Me tienes enamorado/a.**
Ich hab mich in dich verliebt.
*Wahre Liebe ...*

**Me derrito por ti.**
Ich bin total in dich verliebt./Ich schmelze vor dir dahin. (Wörtl.: Ich zerschmelze wegen dir.)

**Te deseo.**
Ich will dich.
*Natürlich auch im Bett ...*

**Te adoro.**
Ich bete dich an./Ich bin bis über beide Ohren in dich verliebt.
*Romantisch ...*

**Te quiero.**
Ich liebe dich.
*Der Klassiker.*

**Te amo.**
Ich liebe dich.
*Klingt nach einer richtig ernsten Sache ... noch mehr als „te quiero".*

## Anträge

*Du hast auf einmal Gefühle, die du vorher gar nicht kanntest? Es wird langsam ernst? So sagst du's deinem Schatz:*

### *Lust auf 'ne Beziehung?*

**¿Quieres salir conmigo?**
Willst du mit mir gehen?
*Der Klassiker. Normalerweise fragt er sie, aber die Zeiten ändern sich ...*

**¿Quieres ser mi chica** ♀ *AM, E* / **novia** ♀ *AM, E* / **polola** ♀ *CHILE* / **chavala?** ♀ *E*
Willst du meine Freundin sein?
*Ein bisschen moderner.*

**¿Quieres ser mi piba** ♀ ! / **chorba** ♀ ! / **chati?** ♀ ! *E*
Willst du meine Freundin sein?
*Seeehr modern.*

*Bereit zum Zusammenziehen?*

**¿Qué te parece si probamos antes de casarnos?** *AM* **/ ¿Qué te parece si probamos a convivir antes de casarnos?** *E*
Sollen wir erst mal das Zusammenwohnen testen, bevor wir heiraten?
*Für den praktischen Typ ...*

**¿Nos mudamos juntos?**
Sollen wir vielleicht zusammenziehen?

**¿Alquilamos un pisito** *E* **/ apartamento?** *AM, E*
Mieten wir zusammen 'ne Wohnung?

**¿Nos buscamos un nidito (de amor)?**
Suchen wir uns ein (Liebes-)Nest?
*Sehr romantisch ...*

*Hochzeitsglocken?*

**¿Te gustaría casarte conmigo?**
Willst du mich heiraten?

**¿Te casarías conmigo?**
Würdest du mich heiraten?

**¿Por qué no nos casamos?**
Wir könnten doch heiraten?

*Und jetzt wird's so richtig romantisch ...*

**Un diamante es para siempre, ¿aceptas éste?**
Ein Diamant ist unvergänglich. Nimmst du den hier an?
Funktioniert natürlich nur, wenn du gerade einen Diamant-Ring in der Tasche hast ... und ein paar Taschentücher.

**¿Quieres desayunar conmigo por el resto de nuestras vidas?**
Willst du für den Rest deines Lebens mit mir frühstücken?
Pass auf, dass dir nicht ausgerechnet an diesem Tag der Toast verbrennt ...

**¿Envejecerías junto a mí?**
Willst du mit mir zusammen alt werden?
Nur romantisch, wenn ihr noch nicht kurz vor der Rente steht ...

**¿Quieres pasar el resto de tu vida conmigo?**
Willst du den Rest deines Lebens mit mir verbringen?

## Und schließlich: Nachwuchs!

**¿Vamos a por el bebé?**
Wollen wir ein Kind?

**¿Vamos a por la parejita?**
Machen wir ihm/ihr ein Geschwisterchen?
*„Parejita" heißt eigentlich Pärchen, d.h. wenn man schon ein Mädchen hat, soll's ein Junge werden und umgekehrt. Funktioniert aber auch in Spanien und Lateinamerika noch nicht auf Bestellung.*

**¿Quieres que empecemos a buscar?** *AM*
Sollen wir anfangen, es zu versuchen? (Wörtl.: Sollen wir anfangen zu suchen?)
*Vielleicht klappt's schneller, als ihr denkt ...*

**¿Te gustaría tener un churumbel?** ! *E*
Hättest du gerne ein Kind?

**¡Quiero un hijo tuyo!** ♂ !
Ich will ein Kind von dir!

**¿Quieres ser la madre de mis hijos?** ♀ !
Willst du die Mutter meiner Kinder sein?

**¿Te gustaría que formemos una familia?**
Sollen wir eine Familie gründen?

# 2 Für Insider

Die meisten jungen Leute in Spanien wohnen bei ihren Eltern, bis sie ungefähr dreißig sind. Klar, dass davon das Liebesleben irgendwie beeinflusst wird: Mit dem ersten Mal geht's nicht so schnell, und fürs Heiraten und Kinderkriegen lässt man sich auch mehr Zeit … Vielleicht denken deshalb viele, dass die spanische Gesellschaft so konservativ ist. Völlig falsch: Die Spanier sind gar nicht verklemmt und konservativ, sie nabeln sich einfach nur ziemlich spät von ihrem Elternhaus ab.
In Lateinamerika dagegen hat man schon immer recht jung geheiratet, normalerweise wenn man so zwischen 23 und 26 Jahre alt war, in Kleinstädten oft sogar noch früher. Wer studiert, heiratet aber heute oft deutlich später, so im Alter von 27 bis 30 Jahren. Es ist üblich, bei den Eltern zu leben, bis man heiratet, früher aus kulturellen Gründen, jetzt spielt auch immer mehr das Geld eine Rolle. Alleine wohnen eigentlich nur Studenten vom Land, die in der Stadt studieren.

# Sex und andere Abenteuer

3

- *Die nackte Wahrheit über Körperteile*
- *Hablemos de sexo!*
- *Verhütung und alles, was dazugehört*

# 3 Anatomiekurs

*Was deine neue Flamme im Bett alles so sagt, kommt dir extrem spanisch vor? Kein Problem, du brauchst einfach eine kurze Einführung in den Körper auf Spanisch …*

## Unzensiert

*Hier findest du die Körperteile, über die du wirklich sprechen willst.*

*Die Herrenabteilung …*

| | |
|---|---|
| **el pene** | der Penis |
| **la polla** *E* | der Schwanz |
| **el miembro viril** | das Glied |
| **el pito** *E, KARIBIK* / **el bicho** *KARIBIK* | der Pimmel |
| **los testículos** | die Hoden |
| **los huevos** / **las bolas** / **las pelotas** | die Eier |
| **los cojones** | der Sack/die Eier |
| **el prepucio** | die Vorhaut |
| **el capullo** *E* | die Eichel |

*Unisex …*

| | |
|---|---|
| **el culo** *E* **/ la cola** *AM* | der Hintern/Arsch |
| **el traste** *AM* | der Arsch |
| **el trasero** ! | der Arsch |
| **el ano** | das After |
| **la entrepierna** | der Genitalbereich (Wörtl.: zwischen den Beinen) |
| **los genitales** | die Genitalien |
| **el vello púbico** | die Schamhaare |

*Die Damenabteilung …*

| | |
|---|---|
| **la vagina** | die Vagina |
| **la concha** *AM* | die Fotze |
| **el coño** *E* | die Fotze |
| **la vulva** | die Vulva |
| **los labios vaginales** | die Schamlippen |
| **el clítoris** | die Klitoris |
| **los pechos** ! | die Brüste/der Busen |
| **las tetas** | die Titten |
| **las lolas** ! *ARGENTINIEN, URUGUAY* | die Titten |
| **los pezones** | die Brustwarzen |
| **el canalillo** *E* | der Spalt zwischen den Brüsten |

# 3 Es geht heiß her

*Der Spaß hat keine Grenzen – von kalten Küsschen bis zu heißem Sex.*

**Bésame.**
Küss mich.

**Dame un beso.**
Gib mir einen Kuss.

**Dame un pico.**
Gib mir ein Küsschen. (Wörtl.: Gib mir einen Schnabel.)

**Me pones a cien, mi vida.** *E*
Du machst mich total an, Süße/r. (Wörtl.: Du bringst mich auf Hundert, mein Leben.)

**¡Me calientas todo!** ! *AM*
Du machst mich total heiß!

**Hazme el amor.**
Mach's mir.

**¿Cogemos?** *AM*
Treiben wir's?

**Estoy arrecho/a, cariño.** *AM*
Ich bin total geil/spitz, Baby.

**FACTS** „Arrecho" bedeutet in den meisten Ländern Mittelamerikas und Südamerikas „sexuell erregt". Aber in Nicaragua und Venezuela kann es auch „mit jemandem verärgert sein" heißen, und wenn man in Ekuador sagt, dass jemand „arrecho" ist, dann ist er sehr mutig.

## Das erste Mal

*So sagst du deiner neuen Flamme auf Spanisch, dass er oder sie die/der Erste ist:*

**Soy virgen.**
Ich bin Jungfrau.

**Soy nuevo/a en esto.**
Das ist neu für mich.

**No me he acostado nunca con nadie.**
Ich hab noch nie mit jemandem geschlafen.

**No lo he hecho nunca.**
Ich hab's noch nie getan.

**Es mi primera vez.**
Das ist mein erstes Mal.

**No me he comido un rosco en mi vida.** ! /
**No me he jamado un colín en mi vida.** !
Ich hab's noch nie getan./Ich hab noch nie einen/eine abgekriegt.
*Das muss sich nicht unbedingt auf Sex beziehen – auch für den ersten Kuss geeignet.*

**Es mi primer polvo.**
Das ist mein erster Fick.

## Kleine Schweinereien

*Von sexy bis pervers – Lust auf ein Abenteuer?*

**Compré ropa interior erótica / sexy.**
Ich hab mir erotische Dessous gekauft.

**Nos encanta ver películas porno.**
Wir sehen uns gerne Pornos an.

**Le gustan los tríos.**
Er/Sie steht auf flotte Dreier.

**Se empalma cada vez que ve a Pamela.** ! *E*
Er bekommt jedes Mal einen Ständer, wenn er Pamela Anderson sieht.

**Le está cascando** *E* / **haciendo** *AM, E* **una paja.** !
Sie holt ihm einen runter.

**Le está haciendo un dedo.** **!** *E*
Er macht es ihr (mit dem Finger/der Hand).

## Safer Sex

*Vorsicht! Wenn du die anderen Wörter aus diesem Kapitel benutzen willst, solltest du besser auch diese kennen …*

| | |
|---|---|
| **¿Tienes …?** | Hast du …? |
| **condones** | Kondome/Gummis |
| **preservativos** | Präservative/Gummis |

*In Spanien benutzt man „preservativos" oder „condones". Die folgenden Wörter, die bei Latinos in sind, würden auch Spanier verstehen. Sie verwenden sie selbst aber nicht.*

**¿Tienes …?**
**forros** *AM*
(Wörtl.: Überzieher)
**capuchas** *AM*
(Wörtl.: Kapuzen)
**impermeables** *AM*
(Wörtl.: Regenmäntel)
**mangas** *AM*
(Wörtl.: Ärmel)

Hast du Kondome?

**¿Tomas la píldora / pastilla?**
Nimmst du die Pille?

**Uso DIU.**
Ich hab eine Spirale.

**¿Usamos espuma?**
Sollen wir Schaum nehmen?

**Espera, me pongo el diafragma.**
Warte, ich leg mein Diaphragma ein.

## Sexuell übertragbare Krankheiten

*Ups. Mach dich lieber vorher kundig, wer was hat!*

**Lo / La infectaron.**
Er/Sie ist angesteckt worden.

**Le pegaron una trepadora.** ! *AM*
Er/Sie hat eine Geschlechtskrankheit. (Wörtl.: eine Kletterpflanze)

**Se contagió del sida.**
Er/Sie hat sich mit Aids angesteckt.

**¿Te pringaron?** ! *AM*
Haben sie dich angesteckt? (Wörtl.: eingefettet)

**¡Esa mujer es una venérea!** *AM*
Diese Tussi ist eine Drecksschlampe/hat alle möglichen Geschlechtskrankheiten!

**Alberto se quemó cuando salió con esa chica.** *PERU*
Alberto hat sich was eingefangen, als er mit dieser Tussi zusammen war.

**FACTS** „Quemarse" heißt in den meisten lateinamerikanischen Ländern „sich verbrennen" und im weiteren Sinne „sein Gesicht/seinen Ruf verlieren". Und in Peru bedeutet „se quemó" nicht nur, dass sich jemand angesteckt hat, sondern es umfasst auch das niederschmetternde Gefühl, das damit verbunden ist.
Ganz anders wieder in Spanien: Dort heißt „quemarse", dass man von jemandem oder etwas die Nase voll hat.

**¿Te has hecho pruebas de enfermedades de transmisión sexual?** *E*
Hast du dich auf sexuell übertragbare Krankheiten testen lassen?

**¿Te has hecho pruebas de venéreas?** *AM*
Hast du dich auf Geschlechtskrankheiten testen lassen?

**¿Te has hecho las pruebas del sida?**
Hast du einen Aids-Test gemacht?

| | |
|---|---|
| **Él / Ella tiene …** | Er/Sie hat … |
| **una enfermedad venérea.** | eine Geschlechtskrankheit. |
| **gonorrea.** | Gonorrhö/einen Tripper. |
| **herpes.** | Herpes genitalis. |
| **sida.** | Aids. |
| **sífilis.** | Syphilis. |

## Unfälle und Pannen

*Pille vergessen? Ungewollt schwanger? So sagst du's auf Spanisch …*

**Me olvidé de tomar la pastilla.** *AM* / **Se me ha colado tomar la píldora.** *E*
Ich hab vergessen, die Pille zu nehmen.

**Se rompió el forro** *AM* / **preservativo.** *AM, E* / **Se ha jodido la goma.** ! *E*
Das Kondom ist geplatzt.

**Necesitamos la píldora del día después.**
Wir brauchen die Pille danach.

**Compró un predictor en la farmacia.** *E*
Er/Sie hat einen Schwangerschaftstest in der Apotheke gekauft.
„Predictor" ist eigentlich eine Marke für einen Test, wird aber mittlerweile in Spanien allgemein für Schwangerschaftstest verwendet.

**Compró un evatest.** *AM*
Er/Sie hat einen Schwangerschaftstest gekauft.
„Evatest" ist eigentlich eine Marke für einen Test, wird aber in Lateinamerika allgemein für Schwangerschaftstests benutzt.

*Und wenn schon alles zu spät ist ...*

**Tiene que hacerse pruebas de paternidad.**
Er muss einen Vaterschaftstest machen.

**Se quedó embarazada.** *E* / **Quedó embarazada.** *AM*
Sie ist schwanger.

3

**Sofía está en estado.**
Sofía ist in anderen Umständen.
*Ein bisschen förmlich ...*

**María está esperando.** *AM*
María ist schwanger.

**Se quedó preñada.** !
Sie ist schwanger. (Wörtl.: Sie ist trächtig.)
*Ein bisschen vulgär ...*

**Le han hecho un bombo.** !
Sie haben ihr einen dicken Bauch gemacht.
*„Bombo" heißt eigentlich Trommel ... spielt wahrscheinlich auf den Bauch an, der irgendwann so ähnlich aussieht.*

**¡A María le llenaron la casa!** *AM*
María ist geschwängert worden! (Wörtl: Sie haben María das Haus voll gemacht.)

**Se casó de penalti.** ! *E*
Der/Die musste heiraten.
*„Penalti" heißt im Fußball Elfmeter/Strafstoß, und hier? Na rate mal ...*

**Se casaron de apuro.** *AM*
Die mussten heiraten. (Wörtl.: Sie haben aus Verlegenheit geheiratet.)

**El bebé fue fruto de un error. / El bebé fue un desliz.**
Das Baby war ein Unfall.

**Es un hijo no deseado.**
Er ist ein ungewolltes Kind.

**El bebé es un paracaidista.** *AM*
Das Kind war nicht geplant. (Wörtl.: Das Baby ist ein Fallschirmspringer.)
Ob das aus heiterem Himmel kam ...

**Es un hijo bastardo.** 💣
Er ist ein kleiner Bastard.
Das heißt, der Vater ist nicht bekannt oder zumindest nicht mit der Mutter verheiratet.

## Wie war es?

*Dein Schatz hat nach einer heißen Liebesnacht Lob verdient? So sagst du's ihm oder ihr auf Spanisch ...*

**Me ha gustado mucho.**
Es hat mir super gefallen.

**Ha sido fantástico / genial.**
Das war genial.

**Ha estado muy bien.**
Das war super.

**¡Me ha encantado / chiflado!**
Ich fand's total geil.

**He disfrutado como un enano** *AM, E* / **chico.** *AM*
Es war wunderschön. (Wörtl.: Ich hab mich gefreut wie ein Kind.)

**He tocado el cielo. / He visto las estrellas.**
Ich bin total abgehoben./Ich war total in Ekstase. (Wörtl.: Ich hab den Himmel berührt./Ich hab die Sterne gesehen.)

**Estoy extasiado/a, ¡cada día me gusta más!**
Ich bin total hin und weg, es gefällt mir mit jedem Mal besser!

**¡Estás hecho/a un/a tigre/sa!** !
Du bist ein Tiger im Bett!/Du bist eine Sexgöttin!
*Es gibt ihn nicht nur im Tank ...*

**Ha estado de puta madre.**
Das war supergeil.

**¡Menudo polvo!**
Geiler Fick!
*Seeehr romantisch ...*

**¡El polvo del siglo!** *AM, E* / **¡La cogida del siglo!** *AM*

Das war der Fick des Jahrhunderts!

*„Del siglo" heißt immer so viel wie „supergut" …*

## Wir haben es getan

*Auch auf Spanisch gibt es tausend Wörter für die schönste Nebensache der Welt. Man muss sie nur kennen …*

**Hicimos el amor.**

Wir haben miteinander geschlafen./Wir haben Liebe gemacht.

*Ein bisschen kitschig, aber sehr romantisch.*

**Lo hicimos.**

Wir haben es getan.

*Jeder weiß, was „es" ist.*

**Tuvimos relaciones sexuales. / Realizamos el acto sexual.**

Wir hatten Geschlechtsverkehr.

*Der typisch medizinische Jargon.*

**Tuvimos sexo.**

Wir hatten Sex.

*Deutlich, aber nicht gerade leidenschaftlich.*

**Amanecimos juntos.**
Wir sind zusammen aufgewacht.
*Wie romantisch!*

**Pasamos la noche.**
Wir haben die Nacht zusammen verbracht.
*Sehr dezent und subtil. Aber wir wissen trotzdem, was ihr getan habt!*

**Dormimos juntos.**
Wir haben bei-/miteinander geschlafen.
*Hmm, ein bisschen zweideutig ...*

**Pasó lo que sabemos.**
„Es“ ist passiert.
*Alles klar!*

---

**Für Insider** In Spanien geht es in Bezug auf Sex immer noch ziemlich traditionell zu. Eltern sind meist nicht gerade begeistert, wenn die Freundin ihres Sohnes zu Besuch ist oder gar der Freund ihrer Tochter – zumindest solange die Beziehung nicht „offiziell“ ist. Deswegen haben viele Paare an ungemütlichen Orten wie in Autos oder Parks Sex. Und obwohl man bei Latinos sofort an „amor“

und Leidenschaft denkt, ist die Jungfräulichkeit in den meisten Ländern Lateinamerikas noch ziemlich heilig. Es wird absolut erwartet, dass Frauen noch Jungfrau sind, wenn sie heiraten. Heute haben jedoch immer mehr junge Leute lange vor der Ehe Sex – aber das wird weder gern gesehen, noch spricht man offen darüber. Das Ganze findet versteckt in Stundenhotels oder Motelzimmern statt.

---

**Pasó lo que tenía que pasar.**
Es kam, was kommen musste.
*Schicksal, Schicksal!*

**Se puso cariñoso/a.**
Er/Sie ist zärtlich geworden.
*Und was war dann ...? Der Spruch für Verklemmte.*

**Cedí a sus encantos.**
Ich bin seinem Zauber erlegen.
*Im Klartext: Ich hab mit ihm geschlafen. Der Satz hat aber nicht immer mit Sex zu tun, das kommt ganz auf den Zusammenhang an.*

*Und jetzt geht's zur Sache. „Hacer el amor" klingt ja ganz süß, aber manchmal darf's auch ein bisschen ordinärer sein.*

**¡Les encanta ...!** Sie ficken/poppen/bumsen gern.

**echar un polvo / polvete** !
Wird in Spanien benutzt. Kann auch „Quickie" heißen.

**follar**
Wird nur in Spanien verwendet.

**mojar**
Das klingt sehr machohaft und wird nur von Männern benutzt.

**joder**
Das sagt man in Spanien. Aber denk dabei nicht nur an Sex: „Joder" kann – in Spanien und anderswo – auch ganz einfach „nerven" oder „beleidigen" heißen.

**chingar**
Das ist das typisch mexikanische Wort. In anderen Ländern heißt „chingar" nur „scherzen" oder „sich betrinken" oder „einem Tier den Schwanz abschneiden".

**coger** 💣

Das benutzt man in den meisten lateinamerikanischen Ländern. In Spanien dagegen heißt „coger" nur „nehmen/halten". In Lateinamerika verwendet man dafür lieber das unzweideutige „tomar".

**comer** 💣

Wird in Chile, Kolumbien, Ekuador, Peru und Venezuela verwendet. In harmloserem Zusammenhang heißt „comer" ganz einfach „essen" und wird überall benutzt.

**curtir** !

Das typische Wort in Argentinien.

**clavar** 💣

Bedeutet normalerweise „nageln". Aber in Argentinien und Uruguay auch „Sex haben".

**Me la he trincado.** 💣 *E*

Ich hab sie gevögelt.

Vorsicht! In Honduras und Guatemala bedeutet der gleiche Satz, dass man leidenschaftlich Zärtlichkeiten ausgetauscht hat, aber eben keinen Sex hatte!!

**He estado empujando toda la noche.**
Ich hab die ganze Nacht gefickt. (Wörtl.: Ich hab die ganze Nacht gestoßen.)
*Ein Spruch für Männer ... und nicht gerade romantisch!*

**Él se la ha tirado.**
Er hat sie gefickt.
*„Tirar" bedeutet auch wegwerfen.*

*Vorsicht! Wie du siehst, haben die meisten Wörter hier eigentlich eine ganz „harmlose" Bedeutung und werden nur in bestimmten Regionen für „ficken" benutzt. Mit „me gusta comer" kann dir in Spanien nichts passieren, aber bevor du's in Chile sagst ... solltest du diese Seite noch mal genau lesen!*

# Die alternative Szene

4

- *Die richtigen Wörter für Schwule und Lesben*
- *Ein bisschen bi schadet nie.*
- *Szene-Locations*

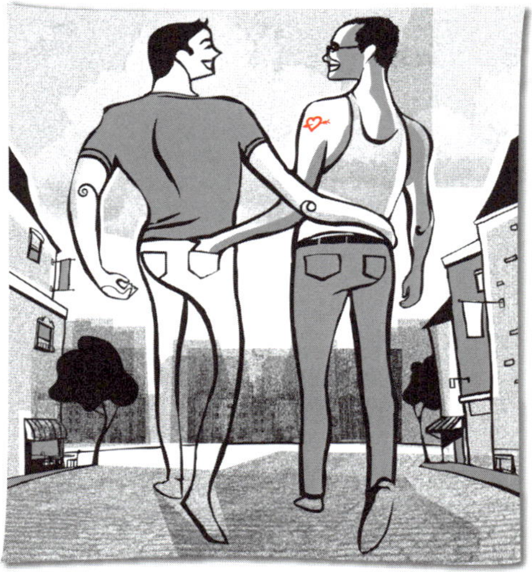

## 4 Ist er schwul?

*Egal ob du selbst schwul bist oder schwule Freunde hast, hier sind die Ausdrücke, die du brauchst, um über Homosexualität zu sprechen.*

| | |
|---|---|
| **Es …** | Er ist … |
| **homosexual.** | schwul/homosexuell. |
| **gay.** | gay. |
| **un sarasa.** | schwul. |
| **roscón.** *AM* | schwul. (Wörtl.: ein Donut) |
| **volteado.** *AM* | vom anderen Ufer. (Wörtl.: umgedreht) |
| **invertido.** ! | schwul. (Wörtl.: umgekehrt) |
| **de la acera de enfrente.** | gay. |
| **Tiene pluma.** | Er verhält sich wie ein Schwuler. |

### Unzensiert

| | |
|---|---|
| **Es …** | Er ist … |
| **un julas** ! *E /* **julay** ! *E /* **julandrón.** ! *E* | ein Schwucko/'ne Schwuchtel. *Vulgär und endabwertend.* |

| | |
|---|---|
| **Es ...** | Er ist ... |
| **un mariquita / marica ! / maricón.** | ein Schwucko/'ne Schwuchtel (Wörtl.: ein Marienkäfer) *In Kolumbien nennen Jungs und Mädels ihre guten Freunde (auch Hetes) so, ohne dass es beleidigend rüberkommen soll.* |
| **bujarra / bujarrón.** | schwul. |
| **brisco.** ! *ARGENTINIEN, URUGUAY* | schwul. |
| **mariposa ! / mariposón. !** | schwul. (Wörtl.: ein Schmetterling) |
| **puto.** *AM* | ein Homo. |
| **platanazo.** *NICARAGUA, COSTA RICA* | schwul. |
| **afeminado.** | total weiblich. |
| **pato.** *KARIBIK* | schwul. |
| **trolo.** ! *ARGENTINIEN* | schwul. |

**Pierde aceite. !**
Der ist schwul. (Wörtl.: Der verliert Öl.)

**Marcha atrás.** *AM*
Er ist schwul. (Wörtl.: Er geht rückwärts.)

**Le gusta la mermelada de membrillo.** *MEXIKO*
Er ist schwul. (Wörtl.: Er mag Quittenmarmelade.)

**Le gusta el arroz con chancho.** *EKUADOR*
Er ist schwul. (Wörtl.: Er mag Reis mit Schwein.)

**FACTS** Seit Mai 2005 können in Spanien homosexuelle Paare ganz normal heiraten – ein echter Durchbruch, denn diese Möglichkeit gibt's bisher nur in ganz wenigen Ländern. Klar, dass die Meinung der Spanier deswegen auch ziemlich gespalten ist.
In religiösen Kreisen und auf dem Land gibt es ziemlich viel Widerstand, bei den Linksorientierten, unter Jugendlichen und in großen Städten wird das Ganze eher positiv aufgenommen. Wie auch immer man dazu steht – einen Weg zurück gibt es nicht.
In Lateinamerika war Buenos Aires die erste (und bisher auch einzige) Stadt, in der eine Art „eingetragene Verbindung" für homosexuelle Paare möglich ist. Sie bekommen dadurch teilweise ähnliche

Rechte wie verheiratete heterosexuelle Paare – allerdings nicht die Möglichkeit, Kinder zu adoptieren. Das wäre in einer hauptsächlich katholischen Gesellschaft – und das ist Lateinamerika immer noch – absolut undenkbar.

## Ist sie Lesbe?

*Und so kannst du über die Lesbenszene mitreden …*

| | |
|---|---|
| **Es …**<br>**lesbiana.**<br>**bollera.** *E*<br>(Wörtl.: eine Krapfenbäckerin)<br>**una marimacho / marichico.**<br>(Wörtl.: ein Mannweib) | Sie ist lesbisch/ eine Lesbe. |

# 4 Die Homoszene

*Wenn du in der spanischen Homoszene unterwegs bist, solltest du vielleicht auch die folgenden Wörter und Sprüche kennen ...*

*Szenekneipen ...*

**Estuvimos en un bar „de ambiente".**
Wir waren in einer Gaykneipe. (Wörtl.: in einer Kneipe mit Ambiente)

**Estuvimos en un bar gay.**
Wir waren in einer Gaykneipe.

**Es un pub con cuarto oscuro.** *E*
Es ist eine (Gay-)Bar mit Darkroom.
*Im Dunkeln fummelt sich's eben besser ...*

---

**Für Insider** Ungefähr seit den achtziger Jahren gibt es in Großstädten echte Gay-Viertel. Dort findet man spezielle Klamotten- und Schuhläden, Bars, Restaurants ... Mit der Zeit haben sie sich zu echten Ausgehvierteln entwickelt, wo nicht nur Homos sondern auch Heteros weggehen. Manche sind ziemlich groß und bekannt, z. B. der Stadtteil Chueca in Madrid oder Hollywood Gay in Buenos Aires.

---

*... und Szenegänger*

**Juan llegó con su gatito.**
Juan ist mit seinem (jüngeren) Freund gekommen. (Wörtl.: Juan ist mit seinem Kätzchen gekommen.)

**Alberto está casado.**
Alberto hat einen festen Freund/Lebensgefährten. (Wörtl.: Alberto ist verheiratet.)

**Pedro es una loca.**
Pedro ist eine Tunte. (Wörtl.: Pedro ist eine Verrückte.)

**El novio de Andrés tiene mucha pluma.** *E*
Der Freund von Andrés ist eine Tunte. (Wörtl.: Der Freund von Andrés hat viele Federn.)

**Julián nos presentó a su novio** *E /* **hembrito.** *AM*
Julián hat uns seinen Freund vorgestellt.
„Hembrito" kommt von „hembra" (Weibchen).

**Dicen que es todo un camajo.** *AM*
Er ist angeblich ein super Lover.
Aber nur die Männer haben was davon ...

**Me lo hice con una bigotuda fantástica.** *E*
Ich hab's mit einem geilen (schwulen) Schnurrbart getrieben.
„Bigotuda fantástica" heißt wörtlich „geile Schnurrbärtige".

**Andrés salió del armario** *E* **/ clóset.** *AM*
Andrés hat sich geoutet. (Wörtl.: Andrés ist aus dem Schrank herausgekommen.)

**Se voltea la rosca.** ♂ *COSTA RICA*
Er ist schwul geworden. (Wörtl.: Er hat das Gewinde gedreht.)

**Se volteó la tortilla.** *NICARAGUA*
Er/Sie ist homo geworden. (Wörtl.: Er/Sie hat die Tortilla gedreht.)

# Beziehungskisten 5

- *Wie du deinen Freunden sagst, was geht*
- *Top oder Flop – Sprüche zum Schwärmen und Lästern*

# 5 Ein bisschen Spaß ...

*... muss sein! Schließlich sind die Latin Lovers ja Weltmeister im Flirten!*

**Salimos a ligar.** *E*
Wir gehen Mädels/Jungs aufreißen.
„Ligar" (flirten) ist in Spanien das Wort für alles, was mit Baggern zu tun hat.

**Nos enrollamos / liamos.** *E*
Wir machen miteinander rum.
Das kann von Küsschen bis Fummeln gehen und ist besonders bei Teenies ein In-Wort.

**Nos dimos un morreo.** *E*
Wir haben rumgeknutscht.

**Sólo estamos tonteando.**
Wir flirten nur miteinander.
Der passende Spruch, wenn du gerade am Erobern bist.

**Sólo estamos vacilando.** *AM*
Es ist nichts Ernstes zwischen uns./Wir haben nur unseren Spaß.

**Él fue un rollete de verano.** *AM, E* **/ Él fue un rollo de verano.** *E* **/ Fue un amor de verano.** *AM, E*
Er war ein Urlaubsflirt.

**Fue algo pasajero.**
Das war nur 'ne kurze Geschichte./Das war nichts Ernstes.
*„Pasajero" ist der Passagier, und er reist nur für kurze Zeit ... alles klar?*

**Tenemos un cuento / una historia.**
Wir daten uns./Wir haben was laufen. (Wörtl.: Wir haben eine Geschichte.)
*Das heißt, Dates mit anderen Kandidaten sind nicht ausgeschlossen.*

**Son amigos con derecho a roce.** *E*
Sie haben eine „erweiterte" Freundschaft./Sie sind Freunde, die auch mal was miteinander haben. (Wörtl.: Sie sind Freunde mit Lizenz zum Anfassen.)
*Das kann von Fummeln bis Sex reichen. Aber völlig unverbindlich ...*

**Somos amigovios.** *AM*
Wir sind ein bisschen mehr als Freunde. (Wörtl.: Wir sind ein Freunde-Paar.)
*Eine Mischung aus „amigo" und „novio". „Un amigo" ist im Spanischen ein Freund, der „novio" ist dagegen der feste Freund. „Amigovios" wird unter Teenies in Lateinamerika benutzt, wenn das Verhältnis zu einem Boy oder Girl nicht so ganz klar ist.*

# 5 Jetzt wird's ernst

*Es gibt irgendwie ein bisschen mehr, was euch verbindet? Dann sag es so:*

**Estamos saliendo juntos.** *E*
Wir sind zusammen.

**Es mi novio/a.**
Er ist mein Freund./Sie ist meine Freundin.

**Es mi chico/a.** *E*
Er ist mein Freund./Sie ist mein Mädchen.
„Chico/chica" (Junge/Mädchen) klingt cooler als „novio/novia", bedeutet aber das Gleiche.

**Es mi pololo/a.** *CHILE*
Er ist mein Freund./Sie ist mein Mädchen.

**Alex debe tener una amiguita.**
Alex scheint eine Freundin zu haben.
„Amiguita" sagst du, wenn du die neue Flamme deines Kumpels selbst noch nicht kennst. In Lateinamerika hat „amiguita" eher einen negativen, verächtlichen Touch, in Spanien ist es ganz neutral.

**Nuria tiene algún noviete** *E* **/ noviecito** *AM* **por ahí.**
Nuria hat irgendwo 'nen Freund.
Benutz es, wenn du mit jemandem zusammen bist, aber das Ganze noch nicht so richtig ernst ist.

**Nos acostamos.**
Wir gehen miteinander ins Bett.
*Es muss aber nicht unbedingt im Bett passieren ...*

**Hicimos el amor.**
Wir haben miteinander geschlafen.

**Echamos un polvo** ! *E* / **kiki.** ! *E*
Wir haben gepoppt./Wir hatten einen Quickie.

**Cojimos.** *AM*
Wir haben gepoppt.

**Nos empiernamos.** *VENEZUELA, MEXIKO, GUATEMALA*
Wir haben miteinander geschlafen.

**María y Juan se pisaron.** *SALVADOR, GUATEMALA, HONDURAS*
María und Juan haben's miteinander getrieben.

# 5 Beziehungskisten

*Es klappt gerade nicht so gut bei dir oder bei deinen Freunden? So fehlen dir beim Jammern oder Lästern nicht die Worte …*

*Wenn er oder sie untreu ist …*

**Pablo le es infiel a Ana.**
Pablo betrügt Ana.

**Pablo le pone los cuernos / tubos a Ana.** !
Pablo betrügt Ana./Pablo setzt Ana Hörner auf.

**Pedro anda quemando a Ana.** *PANAMA*
Pedro betrügt Ana.

**A Pedro le pusieron los cachos con el vecino.**
*COSTA RICA, GUATEMALA, HONDURAS, NICARAGUA*
Sie hat Pedro mit dem Nachbarn betrogen.

**Dolores le quema la canilla a Pedro.** ♀
*GUATEMALA, HONDURAS*
Dolores betrügt Pedro.
*Wird nur für untreue Frauen verwendet …*

**Miguel es un cornudo.**
Miguel wird betrogen. (Wörtl.: Miguel ist ein Gehörnter.)

**Ricardo tiene una sucursal.** *PERU, MEXIKO, CHILE, GUATEMALA, NICARAGUA*
Ricardo hat eine Geliebte/eine Affäre.
(Wörtl.: Ricardo hat eine Zweigstelle.)

**Siempre le envía flores a su segundo frente.** *VENEZUELA, MEXIKO*
Er schickt seiner Geliebten immer Blumen./
Sie schickt ihrem Geliebten immer Blumen.
(Wörtl.: Er/Sie schickt immer Blumen an seine/ihre zweite Front.)

**De vez en cuando viene bien echar una cana al aire.**
Manchmal braucht man ein bisschen Abwechslung.

| | |
|---|---|
| **Alberto …** | Alberto … |
| **tiene una aventura / un affair.** | hat eine Affäre laufen. |
| **tiene una querida / querindonga.** | hat eine Geliebte. |
| **está jugando a dos bandos** *AM, E* / **puntas.** *AM* | hat zwei Geschichten gleichzeitig laufen. |
| **tiene una amante.** | hat eine Geliebte. |
| **lleva un doble juego.** | führt ein Doppelleben. |
| **tiene una doble vida.** | führt ein Doppelleben. |

*Eifersucht ist euer Problem?*

**A Daniel le comen / carcomen / matan los celos.**
Daniel ist supereifersüchtig./Daniel ist rasend vor Eifersucht.

**No seas celosón/a ...**
Jetzt sei doch nicht so eifersüchtig ...
*Wenn er oder sie zum Kontrollfreak wird ...*

**El novio de Marta es un moro** *E* / **guardabosque.** *AM*
Der Freund von Marta ist ein Klammeräffchen./ Der Freund von Marta ist total eifersüchtig und possesiv.

*Keine Zeit füreinander?*

**¡No te veo ni en pintura!**
Ich krieg dich überhaupt nicht mehr zu sehen! (Wörtl.: Ich seh dich nicht mal auf einem Bild.)

**Estoy muy liado/a en el trabajo.** *E* / **Tengo mucho trabajo** *AM, E* / **laburo.** *ARGENTINIEN, URUGUAY, CHILE*
Ich hab 'nen Riesenstress in der Arbeit./Ich hab superviel Arbeit.

**No tengo tiempo ni para respirar.**
Ich hab überhaupt keine Zeit./Ich bin total im Stress. (Wörtl.: Ich hab nicht mal mehr Zeit zum Atmen.)

**Hace siglos que no te veo.**
Ich hab dich schon seit Ewigkeiten nicht mehr gesehen.

*Die Gefühle stimmen nicht mehr?*

**Ya no tenemos feeling.**
Die Chemie zwischen uns stimmt nicht mehr.

**Se ha apagado la llama.**
Zwischen uns funkt es nicht mehr.

**Me agobias.**
Du nervst mich./Du belastest mich.

**Tienes menos detalles que un SEAT Panda.** *E*
Du bist sowas von unaufmerksam. (Wörtl.: Du hast weniger Aufmerksamkeit/Details als ein Seat Panda.)
Das ist ein Wortspiel mit „detalle", was sowohl „Aufmerksamkeit" als auch „Detail" heißen kann. Und klar, der Seat Panda ist ein billiges Auto ohne große Extras und wird verglichen mit dem Mann/der Frau in Basisausstattung ohne Extras.

# 6 Schluss machen

- *Tipps für schwere und leichtere Trennungen auf Spanisch*
- *Klatsch und Tratsch – was die anderen dazu sagen*

*Wie du es ihm oder ihr auf Spanisch beibringst:*

## Auf die nette Art

*Wenn du ihn oder sie nicht total verletzen willst, dann versuch's mit diesen Sprüchen …*

**No eres tú, soy yo …**
Du kannst nichts dafür, es liegt an mir./Ich bin an allem schuld.
*Die typische Einleitung, wenn es ans Schluss machen geht …*

**Hemos cambiado.**
Wir haben uns beide verändert.
*Und nicht in die gleiche Richtung …*

**Somos muy distintos …**
Wir sind total verschieden …

**Necesito tiempo para saber qué siento.**
Ich brauche Zeit, um mir über meine Gefühle klar zu werden.
*Ja, alles klar!*

**Mejor vamos a dejarlo y a ver qué pasa.**
Lassen wir's lieber.
*Ups, das klingt nach Trennung.*

**Esto no funciona** *AM, E* **/ va** *AM, E* **/ marcha** *AM, E* **/ arranca** *AM, E* **/ rula** *E* **/ furrula.** *E*
Das mit uns funktioniert nicht mehr.
*Traurig, traurig ...*

**Creo que lo nuestro no tiene futuro.**
Das mit uns hat wohl keine Zukunft.

**Esto no va ni para atrás ni para adelante.**
Das mit uns führt doch nirgendwo hin.

**Es mejor que cortemos.**
Es ist besser, wenn wir's lassen.

**Es hora de que tomemos rumbos diferentes.**
Es wird Zeit, dass wir getrennte Wege gehen.

**Seamos sólo amigos.**
Lass uns Freunde bleiben.
*Der Klassiker ... oft gesagt und nie gemacht!*

**Deberíamos salir con otras personas.**
Wir sollten mit anderen Leuten zusammen sein.
*Nicht sehr direkt, aber er oder sie wird's schon verstehen ...*

**Démonos un tiempo / respiro.**
Wir sollten eine Pause machen.
*Der Spruch für Feiglinge – jeder weiß, dass damit alles vorbei ist.*

**Ya no quiero seguir contigo.**
Ich will nicht mehr mit dir zusammen sein.
*Glasklar und krass auf den Punkt gebracht!*

**Esto se acabó.**
Es ist aus.

**Me he dado cuenta de que ya no te quiero.**
Ich hab festgestellt, dass ich dich nicht mehr liebe.
*Die harte Wahrheit ...*

**No enganchamos ...**
Zwischen uns macht es nicht klick.

## Auf die harte Art

*Wenn du so richtig sauer auf ihn oder sie bist und ohne Rücksicht auf Verluste Schluss machen willst, dann sind diese Sprüche das Richtige für dich ...*

**Hasta aquí hemos llegado.**
So weit ist es mit uns gekommen.

**Más vale dejarlo tarde que nunca.**
Besser wir lassen's spät als nie.

**Esto ha sido un error desde el principio.**
Das war von Anfang an ein Irrtum.

**Estoy mejor solo/a que mal acompañado/a.**
Ich bin lieber allein als in schlechter Gesellschaft.

**Espero que esta sea la última vez que nos veamos.**
Ich hoffe, wir sehen uns jetzt zum letzten Mal.

**¡No quiero volver a verte!**
Ich will dich nie wieder sehen!

**¡Más te vale no acercarte nunca más a mí!**
Komm mir bloß nicht mehr unter die Augen!

**¡Ni me saludes por la calle!**
Wenn du mir auf der Straße begegnest, braucht du mich erst gar nicht grüßen!

**Si te veo me cruzo de acera** *AM, E* **/ vereda.** *AM*
Wenn ich dich sehe, wechsle ich lieber die Straßenseite.

**No me dirijas la palabra.**
Sprich mich bloß nicht an.

**Me arrepiento de haberte conocido.**
Hätte ich dich doch bloß nie kennen gelernt!

**Maldigo el día en que te conocí.** !
Ich verfluche den Tag, an dem ich dich kennen gelernt hab!

**¡Qué coño** *E* **/ mierda** *AM, E* **/ carajo** *AM* **vería yo en ti!**
Du bist für mich nur noch ein Stück Scheiße!

**Hay otra mujer / otro hombre.**
Ich hab einen anderen/eine andere.

## Aus und vorbei

*Was sagen die anderen dazu?*

| | |
|---|---|
| **Ella …** | Sie … |
| **le dejó tirado.** | hat ihn versetzt/verlassen. |
| **le dejó más solo que la una.** | hat ihn versetzt/verlassen. (Wörtl.: Sie hat ihn mutterseelenallein gelassen.) |
| **cortó con él.** | hat ihm den Laufpass gegeben. |
| **rompió con él.** | hat mit ihm Schluss gemacht. |
| **lo dejó.** *E* | hat ihn sitzen lassen. |
| **lo mandó a tomar por culo.** *E* | hat ihn abgeschossen/versenkt. (Wörtl.: Sie hat ihn zum Arschlecken geschickt.) |
| **lo mandó a tomar viento fresco.** *E* | hat ihn abgeschossen. (Wörtl.: Sie hat ihn zum Frische-Luft-Schnappen geschickt.) |

| | |
|---|---|
| **Ella …** | Sie … |
| **lo mandó a hacer gárgaras.** | hat ihn abgeschossen. (Wörtl.: Sie hat ihn zum Gurgeln geschickt.) |
| **lo mandó a la mierda.** ! | hat ihn abgeschossen. (Wörtl.: Sie hat ihn in die Scheiße geschickt.) |
| **lo mandó pa'l carajo.** *AM* ! | hat ihn abserviert. (Wörtl.: Sie hat ihn zum Teufel gejagt.) |
| **lo mandó a freír espárragos.** | hat ihn abgeschossen. (Wörtl.: Sie hat ihn zum Spargelbraten geschickt.) |
| **lo mando a pasear / paseo.** | hat ihn abgeschossen. (Wörtl.: Sie hat ihn zum Spazierengehen geschickt.) |
| **lo mando a freír buñuelos.** *AM* | hat ihn abgeschossen. (Wörtl.: Sie hat ihn zum Krapfenbacken geschickt.) |
| **lo terminó.** *AM* | hat Schluss gemacht. |
| **lo echó.** *AM* | hat ihn rausgeworfen. |
| **lo dejó rebotando.** *AM* | hat ihn fallen lassen. |

*Rebotar heißt „abprallen" und bezieht sich auf den Ball, der vom Boden abprallt, wenn niemand ihn auffängt.*

*Gebrochenes Herz? Liebeskummer? So kannst du über die Verflossene oder den Verflossenen lästern …*

| | |
|---|---|
| **Es un …** | Er ist ein … |
| **cabrón.** | Arsch/Scheißkerl. |
| **hijo de puta / hijo de la gran puta / hijo de perra.** | Hurensohn/Bastard. |
| **sinvergüenza.** | Arschloch/Drecksack. |
| **perro.** | Aufreißertyp. (Wörtl.: ein Hund) |
| **capullo.** | Scheißkerl. |
| **mamón.** | blöder Penner. |
| **puerco.** | Schwein. |
| **cerdo.** | Schwein. |
| **bastardo.** | Bastard. |
| **Es una mierda.** | Stück Scheiße. |
| **Es una …** | Sie ist … |
| **cabrona.** | ein blödes Arsch/ eine Hure. |
| **hija de puta / hija de la gran puta / hija de perra.** | eine Schlampe/ ein Flittchen. |

| | |
|---|---|
| **Es una …** | Sie ist … |
| **sinvergüenza.** ! | ein schamloses Miststück. |
| **perra.** | ein Miststück/Flittchen. |
| **capulla.** ! | eine blöde Sau. |
| **zorra.** | eine Schlampe. (Wörtl.: Füchsin) |
| **arpía.** ! | ein Drachen. |
| **cerda.** ! | eine blöde Sau. |
| **mala pécora.** ! | ein Miststück. |
| **una porquería.** ! *AM* | ein Nichtsnutz. |
| **una basura.** | Müll. |
| **una jinetera.** ! *KUBA, MEXIKO* | eine Hure. |
| **una cualquiera.** ! | ein Nichts/eine Hure. |

# Klatsch und Tratsch 7

- *Tuscheleien von Traumtyp bis Kotzbrocken*
- *Body und Styling: der perfekte Look*

# 7 Schnitten und coole Typen

*Du findest ein Girl oder einen Boy attraktiv? So sprichst du mit deinen Freunden darüber …*

**Ese tío está muy bueno. / Ese tío está buenísimo.** *E* **/ Ese tipo está muy bueno. / Ese tipo esta buenísimo.** *AM, E*
Wow, der Typ sieht super/klasse/geil aus.

**Ese tipo es un papito / papacito.** *AM*
Wow, der Kerl ist scharf. (Wörtl.: Der Kerl ist ein Papi.)

**Esa chica es una mamita.** *AM*
Wow, die Frau sieht scharf aus. (Wörtl.: Die Frau ist eine Mami.)

| | |
|---|---|
| **Esa pava …** *E* | Wow, die Frau ist … |
| **está tremenda.** | geil/klasse/super. |
| **está como un tren.** *E* | geil/klasse/super. |
| **tiene un cuerpazo impresionante.** | hat eine super Figur. |

| | |
|---|---|
| **Esa chica es …** | Dieses Mädel ist … |
| **una hembra* ! / hembrota.** *AM* | total scharf. |

* Kerle unter sich sprechen von einem Girl schon mal als „una hembra". Mach das lieber nicht, wenn das betreffende Mädchen dabei ist, denn „una hembra" ist ein „Weibchen".

| | |
|---|---|
| **Él es atractivo.** | Er sieht gut aus. |
| **Él me gusta.** *AM, E* / **Él me mola.** *E* | Er gefällt mir./ Ich steh auf ihn. |
| **Ella está muy guapa** *E* / **linda.** *AM* | Sie ist total hübsch/süß. |
| **Es un tipo muy caliente.** *E* | Er ist ein scharfer Typ. *In Lateinamerika ist ein „tipo caliente" jemand, der die ganze Zeit geil auf Sex ist. Dort ist der Satz also nicht gerade ein Kompliment …* |
| **Tiene buena pinta.** | Er/Sie sieht verdammt gut aus. |
| **Tiene un buen culo.** *in AM, E* / **Tiene una buena cola.** *AM* | Er/Sie hat einen geilen Arsch. |
| **Es …** | Er ist … |
| **un tío muy majo** *AM, E* / **guai.** *E* | ein super/klasse Typ. |
| **simpático.** | total nett. |
| **muy agradable.** | total nett/echt korrekt. |
| **genial.** | ein toller Typ. |
| **divino.** | ein toller Typ. |

**Es …** Sie ist …

**una tía guai.** *E* total nett/'ne ganz Nette.

**una tía de puta madre.** *E* supernett.
*„De puta madre", wörtlich „von einer Hurenmutter", klingt ziemlich abgefahren, ist in Spanien aber als Kompliment zu verstehen.*

**muy atractiva.** echt attraktiv.

**un minón.** *AM* eine tolle Frau.
*Auch in sexueller Hinsicht …*

**una flor de mina.** *AM* eine tolle Frau.
*Anständiger als der vorhergehende Spruch …*

**muy bonita.** *AM* total hübsch.

**una diosa.** göttlich.

## Richtig ablästern



*Absolut kein Interesse? So kannst du's deinen Freunden klar machen:*

| | |
|---|---|
| **¿Viste qué ... es?** | Guck mal, der ist ... |
| **feo** *AM, E* / **feísimo** *E* | hässlich/abartig hässlich. |
| **superhorrible** | echt übel/ein Gesichtsbunker. |
| **asqueroso** | abstoßend/zum Kotzen. |
| **Lucía es ...** | Lucía sieht ... |
| **realmente horrible.** | ja echt grausam aus. |
| **un asco de tía.** *E* | echt ätzend aus. |
| **una piba feísima.** *E* | Lucía ist ein Abtörner. |
| **una chica poco agraciada.** | Lucía ist nicht gerade attraktiv. |

## Von der Jungfrau zur Schlampe

*So nimmst du kein Blatt vor den Mund:*

| | |
|---|---|
| **Ella es ...** | Sie ist ... |
| **virgen.** | Jungfrau. |
| **una mojigata.** | total verklemmt. |
| **una cortada** *E* / **una tímida.** *AM, E* | schüchtern. |

| | |
|---|---|
| **Ella es …** | Sie ist … |
| **una chica formal** *E* / **una estrecha.** *E* | eine ganz Brave/ Anständige. *Bei „chica formal" ist der Kommentar eher positiv gemeint, „estrecha" ist negativ, im Sinne von langweilig.* |
| **una chica abierta.** *E* | sehr offen. *Auch in Bezug auf Männer …* |
| **una calentona.** | eine ganz Heiße. |
| **una coqueta.** | echt flirtig. |
| **una ligona.** *E* | echt flirtig. |
| **una mosquita muerta.** ! *AM* | eine Schlampe. (Wörtl.: eine tote Fliege) *In Spanien dagegen ist eine „mosquita muerta" eine, die nicht so brav ist, wie sie aussieht.* |
| **una calientapollas** *E* / **una calienta pava.** *AM* | ein Faker. (nach dem Motto „Ankochen und stehen lassen"). |

| | |
|---|---|
| **Ella es …** | Sie ist … |
| **una zorra.** | eine Schlampe. (Wörtl.: eine Füchsin) |
| **una puta.** | eine Hure/Nutte. |
| **Él es …** | Er ist … |
| **un buen chaval.** *E* | ein ganz Lieber. |
| **un buen chico.** | ein ganz Lieber/ein guter Kerl. |
| **un buen partido.** | eine gute Partie. |
| **un caballero.** | ein echter Gentleman. |
| **un calentón.** *AM* | ein ganz Heißer. *In Argentinien kann's auch heißen, dass er sehr jähzornig ist.* |
| **un mujeriego.** | ein Aufreißer/ Frauenheld. |
| **un perro.** ! | ein Aufreißertyp. (Wörtl.: ein Hund) |
| **un pirujo.** *MEXIKO* | ein Frauenheld/ Casanova. |
| **cara rota.** *AM* | total schamlos. |

# 7 Der perfekte Body

*So redest du über den schönen oder nicht ganz so schönen Körper:*

| | |
|---|---|
| **Carolina tiene ...** | Carolina(s) ... |
| **un cuerpo escultural.** | hat einen attraktiven Body. |
| **unas tetas que no están nada mal.** | Titten sind echt nicht übel. |
| **unas tetas de la hostia** ! *E* / **unas tetas de puta madre** *E* / **unas tetas de la puta madre.** *AM* | hat voll die geilen Titten. |
| **un culo cojonudo** ! *E* / **una cola dura.** ! *AM* | hat einen geilen Arsch. |
| **unas piernas muy bonitas.** | hat tolle Beine. |
| **unas piernas muy esbeltas.** | hat total schlanke Beine. |
| **un lomazo** *AM* / **un lomo de aquellos.** *AM* | hat einen geilen Body. |
| **Andrés tiene ...** | Andrés hat ... |
| **un super culazo** *E* / **una super cola.** *AM* | einen geilen Arsch. |
| **un super cuerpo / un cuerpazo.** | einen geilen Body. |

| | |
|---|---|
| **Andrés tiene …** | Andrés hat … |
| **unos brazos macizos / duros.** | geile Muckis in den Armen. |
| **unos buenos pectorales.** | coole Brustmuskeln. |
| **un buen paquete / bulto.** | echt was in der Hose/ ein Riesen-Gerät. |
| **Andrés está cuadrado / cachas.** | Andrés ist total muskulös/durchtrainiert. |
| **Miguel …** | Miguel … |
| **tiene una panza / barriga.** | hat einen Bierbauch/ 'ne Wampe. |
| **tiene unos cuantos michelines.** *E* | hat Speckrollen am Bauch. |
| **tiene algunos rollitos.** *AM* | hat Speckrollen am Bauch. |
| **parece embarazado.** *AM* | hat einen Bierbauch. (Wörtl.: Miguel sieht schwanger aus.) |
| **es bajito / es petiso.** | ist total klein. |
| **es enano.** ! | ist ein Zwerg. |
| **está muy flaco / delgado.** | ist superdürr. |
| **es un palo.** | ist superdürr. |

**Ana está / es plana.**
Ana ist total flach.

**María está cuadrada.** *AM*
María ist total unförmig. (Wörtl.: quadratisch)
*Vorsicht: Wenn du sagst „María es cuadrada", dann heißt das in Lateinamerika, dass sie dumm ist. In Spanien bedeutet „ser cuadrado", dass man unflexibel und sehr planvoll ist.*

**Ana nada de espalda y nada de pecho.**
Ana ist flach wie Schneewittchen, kein Arsch und keine Tittchen.
(Wörtl.: Ana schwimmt Rücken und Brust *oder* Ana nichts am Rücken und nichts an der Brust.)
*Das ist ein Wortspiel mit „nada", was gleichzeitig „nichts" und „sie schwimmt" heißt.*

**Igual atrás que adelante.** *AM*
Sie ist total flach. (Wörtl.: Sie sieht von vorne und von hinten gleich aus.)

**Ana más que novia es un amigo.** *AM*
Ana sieht eher aus wie ein Kumpel als wie eine Freundin.
*Sag's, wenn eine Frau sehr kleine Brüste hat ...*

*So bist du mit deinen Klamotten auch in Spanien und Lateinamerika in …*

*Für Sie … so sexy wie möglich:*

| | |
|---|---|
| **la minifalda** | Minirock |
| **el escote generoso / pronunciado** | weiter Ausschnitt |
| **la tripa al aire** *E* / **la panza al aire** *ARGENTINIEN* / **la barriga al aire** *AM* | bauchfrei |
| **los tacones altos / de aguja** | hohe Absätze |
| **el tatuaje** | Tattoo |
| **la brillantina en el pecho / en la cara** | Glitzerpuder auf dem Dekolletee/ im Gesicht |
| **transparencias** | durchsichtige Klamotten |
| **el piercing** | Piercing |
| **la lencería atractiva / sexy** | sexy Unterwäsche |
| **el perfume** | Parfüm |

| | |
|---|---|
| **la camiseta de tirantes** *E* / **la solera** *AM* / **el solero con tirantes** *AM* | Trägertop |
| **la camiseta sin tirantes** *E* / **la solera** *AM* / **el solero sin tirantes** *AM* | trägerloses Top<br>„Camiseta" heißt in Lateinamerika Unterhemd, in Spanien T-Shirt und Unterhemd. |

*Für ihn … so schick und gepflegt wie möglich*

| | |
|---|---|
| **la camiseta pegada** *E* / **la remera pegada** *AM* / **el polo** *AM* | enges T-Shirt/ Polo-Shirt |
| **con gomina en el pelo / engominado** | mit Gel im Haar |
| **los vaqueros ajustados** *AM, E* / **los jeans ajustados** *AM* | enge Jeans |
| **la camisa sin mangas** | ärmelloses H |
| **mucha colonia** | viel Eau de |
| **afeitado** | rasiert |
| **de traje y corbata para algo muy formal** | Krawatte u für beson Anlässe |